Gabriele Kopp, Josef Alberti, Siegfried Büttner

Dabei! A2.2

DEUTSCH FÜR JUGENDLICHE

Deutsch als Fremdsprache
Kursbuch

Hueber Verlag

 Die Audio-Dateien finden Sie in der *Hueber Media*-App und unter:
www.hueber.de/dabei

5.   4.   3.   Die letzten Ziffern
2026 25 24 23 22   bezeichnen Zahl und Jahr des Druckes.
Alle Drucke dieser Auflage können, da unverändert,
nebeneinander benutzt werden.
1. Auflage
© 2020 Hueber Verlag GmbH & Co. KG, München, Deutschland
Umschlaggestaltung: Sieveking · Agentur für Kommunikation, München
Gestaltung und Satz: Sieveking · Agentur für Kommunikation, München
Verlagsredaktion: Julia Guess, Hueber Verlag, München
Druck und Bindung: Passavia Druckservice GmbH & Co. KG, Passau
Printed in Germany
ISBN 978–3–19–501781–7

Art. 530_26811_001_03

Inhalt

Piktogramme und Symbole

➤	In der Aufgabe geht die Modulgeschichte weiter.
Und du bist Dabei!	Die Schüler erzählen die Geschichte selber weiter.
1/07 (CD 1, Track 7)	Aufgabe mit Hörtext
▶ Film Modul 1	Aufgabe mit Film
→ AB 8	Passende Übung im Arbeitsbuch
	Hinweise zum Wortschatz und zur Kommunikation
	Hinweise zur Grammatik
	Hinweise zur Aussprache
	Lerntipp

Inhalt

1 Alles verstanden?

Szene A

Welchen Kuchen mag mein Freund?

Apfelkuchen?

Obstkuchen?

Schokoladenkuchen?

Was für ein Kuchen ist es denn?

Nein!
Nein!
Nein!

Hundekuchen.

Hää?

Seht mal, das ist mein Freund.

Aha, dein Freund ist ein ???.

Szene B

Mineralwasser

Wasserball

Ballsport

Sportlehrer

Lehrer, Lehrer …

???

Wir spielen Wortkette. Mineral. Los!

MINERAL

Szene C

Herr Ober, bitte eine Suppe.

Ich möchte eine Suppe, eine ganz normale Suppe!

Ach, … ich nehme einen Salat.

Möchten Sie Kartoffelsuppe, Bohnensuppe, Tomatensuppe, Gemüsesuppe, Nudelsuppe, Reissuppe …?

Möchten Sie Kartoffelsuppe, Bohnensuppe, Tomatensuppe …?

a Lies die Szenen A – C. Welche Wörter kennst du?

1/02 **b** Lies die Szene A und ergänze das Wort. Hör die Szene zur Kontrolle.

1/03 **c** Lies die Szene B und ergänze das Wort. Hör die Szene zur Kontrolle.

1/04 **d** Hör die Szene C und lies mit.

e Mach zusammen mit deiner Partnerin / deinem Partner eine Szene wie in **c**.

einen Saft → Apfel- /Orangen- /Tomaten- /Birnen- /Obst- /Gemüsesaft →
einen ganz normalen Saft → Apfelsaft, … → ein Mineralwasser

1/05 Hört die Szene zur Kontrolle. Ihr könnt die Szene auch vorspielen.

→ AB 1-2

2 Viele Nomen

a Lies noch einmal die zusammengesetzten Nomen in **1**.

1/06 **b** Hör den ersten Teil des Nomens und ergänze den zweiten Teil.
→ AB 1-2 Hör dann das ganze Nomen zur Kontrolle. Achte auf die Betonung.

3 Aus zwei mach eins

a Schau die Bilder an. Sprich die Wörter.

1/07 **b** Hör die Wörter zur Kontrolle.
→ AB 3

Fuß und ??? → ???

4 Bilderrätsel

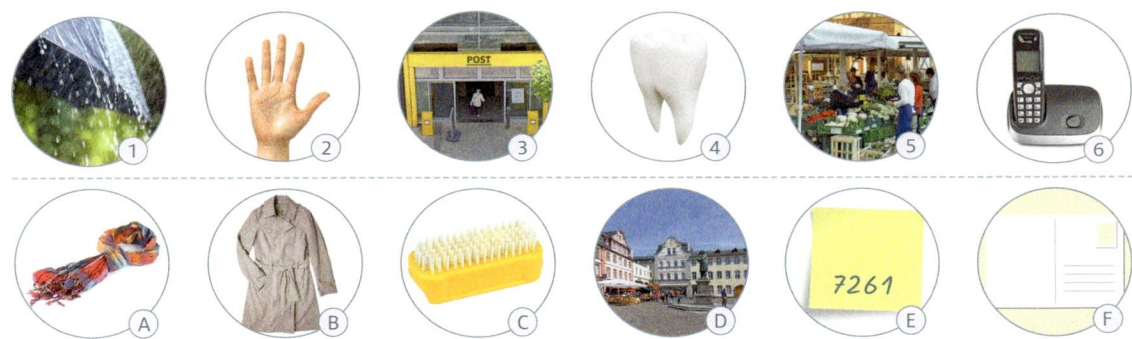

a Schau die Bilder an. Welche zwei Bilder bilden zusammen ein Wort?

2A, ...

1/08 **b** Hör die Wörter zur Kontrolle.
→ AB 3

5 Was sagt uns das zusammengesetzte Nomen?

A. 1. Ein Apfelkuchen ist ein Kuchen mit Äpfeln.
2. Ein Obstkuchen ist ???.
3. Ein Orangenkuchen ist ???.
4. Und ein Hundekuchen?

B. 1. Ein Blumengarten ist ein Garten mit Blumen.
2. Ein Gemüsegarten ist ???.
3. Ein Obstgarten ist ???.
4. Und ein Dachgarten?

a Lies in A und B die Sätze 1–3 und die Frage 4. Weißt du die Antwort?

1/09 **b** Ergänze in A und B die Sätze 2 und 3. Hör dann die Sätze zur Kontrolle.

c Beantworte dann in A und B die Frage 4. Verwende diese Teile.

Ein Hundekuchen ist ein ... für ... ▪ Ein Dachgarten ist ein ... auf ...

1/10 Hör dann die Antworten zur Kontrolle.
→ AB 4

6 Das erste Wort oder das zweite Wort?

1/11 **a** Mach aus dem ersten und dem zweiten Wort ein zusammengesetztes Nomen.
Achte auf den Artikel. Hör die zusammengesetzten Nomen zur Kontrolle.

1. der Winter
das Wasser
die Freizeit
die Hallen
}
+ der Sport
{
der Wintersport
der ???
der ???
der ???

2.
der Sport +
{
der Platz
das Fest
die Tasche
die Schuhe
}
{
der Sportplatz
das ???
die ???
die ???

b Bilde zusammengesetzte Nomen. Sprich auch den Artikel dazu.

1. Reis
Gemüse
Nudel
Bohnen
}
+ Suppe
{
???
???
???
???

2.
Gemüse +
{
Markt
Gericht
Suppe
Gärten
}
{
???
???
???
???

1/12 **c** Hör die Wörter zur Kontrolle.

→ AB 5–7

7 Wer will was?

Sonderangebot im Ola-Getränkemarkt
Apfelsaft,
Orangensaft,
Tomatensaft
jede Flasche nur **€1,10**
Ⓐ

Bist du Ski-Anfänger?
Brauchst du alles neu?
Unser Angebot:
€12,–
€15,–
€48,–
€69,–
€149,–
Ⓑ

Heute im Gartencenter
Gartenmöbel, neue Mode
€58,–
€110,–
€90,–
Ⓒ

1/13-15 **a** Hör die Szenen 1–3 und lies die Anzeigen A–C. Was passt zusammen?

b Was kaufen die Leute? Und was müssen sie bezahlen?

→ AB 8

8 Blumengarten-Gartenblumen-Rap

	1	2	3	
Blumengarten	Blumengarten	Sportlehrer	Gemüsesuppe	Blumengarten
Gartenblumen	Blumengrüße	Sportstunde	Gemüsesalat	Gartenblumen
Sportlehrer	Blumenmarkt	Sporttasche	Gemüsemarkt	Sportlehrer
Lehrersport	oder	oder	oder	Lehrersport
Gemüsesuppe	Gartenblumen	Lehrersport	Suppengemüse	Gemüsesuppe
Suppengemüse	Gartenschere	Lehrerzimmer	Suppennudeln	Suppengemüse
	Gartenarbeit	Lehrertasche	Suppenteller	

1/16 **a** Hör den Rap und lies mit.

1/17 **b** Sprich den Rap zum Playback.

→ AB 8

Schau die Bilder an.
Worum geht es? Sprich darüber.

Geschichte: (K)eine Geburtstagsfeier für David

Geburtstag – Wir feiern

Das lernst du:

- jemanden einladen
- ein Kochrezept verstehen
- Enttäuschung ausdrücken
- Vermutungen ausdrücken
- Überraschung ausdrücken
- eine Spielanleitung verstehen
- Wetter
- Zeitangaben
- Ortsangaben mit Dativ und Akkusativ
- Adjektiv + Nomen: Akkusativ bei bestimmtem Artikel
- Nebensatz mit *wenn*
- Wortbildung: Adjektiv mit Vorsilbe *un-*

1 So kann man Geburtstag feiern

(A)

PARTY AUF DEM DAMPFER

Unser DJ sorgt für einen stimmungsvollen Hitmix auf der MS STARNBERG.

Abfahrt: 18.00 Uhr ab Starnberg, ca. 3 1/2 Std. Fahrt und Musik 28 €

(C)

TOLLE GEBURTSTAGE IM ZOO

Ein ganz besonderes Vergnügen sind unsere Führungen im Rahmen von Geburtstagsfeiern: Lade deine Freunde zu einer Sonderführung mit einer ganz besonderen Überraschung ein. Es gibt verschiedene Themen, mit denen ihr den Tierpark erkunden könnt.

Tierpark Hellabrunn in München
90 Minuten für 120 € und ermäßigter Eintrittspreis

(B)

FEIERE DEINE GEBURTSTAGSPARTY MIT DEINEN FREUNDEN IM FREIZEIT-PARK SÜD!

Es erwartet dich: ein schön gedeckter Geburtstagstisch im Restaurant. Alle Shows und Fahr-Attraktionen sind im Eintrittspreis enthalten.

Preis inklusive Eintritt und Essen 20 €.
Das Geburtstagskind erhält freien Eintritt.

(D)

Das ist die Idee!

Geburtstag im Bad
Es ist für alles gesorgt:
• Party-Areal
• Spielmaterial
• Ein Geschenk für das Geburtstagskind!

Nähere Informationen an den Kassen der Münchner Bäder

(E)

„Big Party" in der Filmstadt!

BAVARIA FILMSTADT
FILM UND FERNSEHEN UND DU

Das besondere Special für eure Geburtstagsparty in der Bavaria Filmstadt in Geiselgasteig:
In original nachgebauten Kulissen feiert ihr wie echte Stars. Dazu gibt es das 4D-Kino und eine Führung durch die Filmstadt. Diesen Geburtstag vergisst man nicht!
129 € Organisationspauschale plus 16,50 € pro Gast

(F)

Kino für deine Freunde und dich

Komm mit deinen Freunden in den Gloria-Filmpalast! Feiert mit einem tollen Film und allem, was zu einem richtigen Kinobesuch gehört. Jeder bekommt ein Kino-Ticket, eine große Tüte Popcorn, einen Softdrink und eine Kino-Wundertüte.

Pro Person 9,90 €
Das Geburtstagskind hat freien Eintritt.

a Lies die Anzeigen A – F.

b Schreib die Tabelle in dein Heft und ergänze die Informationen aus den Anzeigen.

Wo?	Was?	Programm	Was kostet ...?
Geiselgasteig	Bavaria-Filmstadt	4D-Kino	

→ AB 1

2 Tipps im Radio

1/18 **a** Hör zu und schau die Anzeigen in **1** an. Um welche Veranstaltungen geht es?

1/18 **b** Hör noch einmal zu und beantworte die Fragen.

1. Was kann man auf dem Schiff machen?
→ AB 2 2. Was kann man in den Filmstudios sehen?
3. Was kann man im Zoo machen?
4. Was kann man am Kiosk essen?

3 Einladung zum Geburtstag

Liebe/r **???**,
zu meinem Geburtstag am **???** **???** (1) ich dich herzlich **???** (2).
Dieses Jahr feiern wir in/im/an/am **???** . Wir treffen uns um **???**
vor/an/in/bei **???**. Hoffentlich kannst Du **???** (3). Bitte **???** (4).
Dein/e **???**

jemanden einladen
Zu meinem Geburtstag am
... möchte ich dich (herzlich)
einladen.

Wir treffen uns um ...
vor/an/in/bei ...

Hoffentlich kannst du
kommen.

Bitte ruf mich an.

**Such dir etwas Besonderes für deinen Geburtstag aus, z. B. aus 1.
Schreib dann eine Einladung zu deinem Geburtstag. Ergänze.**

→ AB 3 **???** = deine persönlichen Angaben   **???** 1–4 = ruf mich an ▪ einladen ▪ kommen ▪ möchte

4 David und Luisa

1/19 **a** Hör das Telefongespräch. Wer ruft wen an?

1/19 **b** Hör noch einmal zu. Lies dann die Sätze. Was ist richtig? Was ist falsch?

1. David hat am Samstag Geburtstag.
→ AB 3 2. David möchte eine Party machen.
3. Luisa geht gern ins Kino.
4. Luisa besucht am 18. ihren Opa.

5 Schülerforum

Wo soll ich Geburtstag feiern? ●●●
In zwei Wochen habe ich Geburtstag. Und ich weiß noch nicht, was ich machen soll. Vielleicht lade ich meine Freunde in den Zoo ein. Oder hat jemand eine bessere Idee? Rosa
1. Ich habe schon einmal im Zoo Geburtstag gefeiert. Das war lustig. Lena
2. Meiner Meinung nach ist ein Geburtstag im Zoo etwas für kleine Kinder. Jan
3. Warum machst du nicht eine Party im Schwimmbad? Das macht Spaß. Lilly
4. Ich war schon einmal im berühmten Frankfurter Zoo. Stefan
5. Geburtstag im Zoo ist nicht schlecht, aber zu Hause feiern finde ich besser. Alina

Lies die Beiträge. Welcher Beitrag passt nicht zu Rosas Text?
→ AB 4 **Welchem Beitrag stimmst du zu? Was ist deine Meinung?**

6 Du hast doch bald Geburtstag

E ◆ David, du hast doch bald Geburtstag.
▲ Ich weiß.
◆ Und? Möchtest du dieses Jahr keine Party machen?

A ▲ Ich soll an meinem Geburtstag in den Zoo gehen? Das ist doch für kleine Kinder.
◆ Warum geht ihr nicht in die Bavaria Filmstadt? Film und Fernsehen sind doch interessant.

L ▲ Im Schwimmbad sind wir sowieso jeden Tag.
◆ Wie ist es denn mit einem Besuch im Zoo?

U ◆ Ihr könnt doch eine Party auf dem Disco-Schiff mitmachen.

G ◆ Sag mal. Kann das sein, dass du keine Lust hast, weil Luisa nicht da ist?
▲ Ach ... ach, ich weiß nicht.

N ▲ Ich gehe nicht gern auf das Disco-Schiff. Da werde ich nur seekrank.
◆ Was meint denn Luisa?
▲ Keine Ahnung. Sie ist an meinem Geburtstag nicht da.

D ▲ Ja schon, aber in der Filmstadt muss man immer zuhören. Man kann gar nicht reden.
◆ Aha. Warum fahrt ihr nicht an den See?
▲ Und? Was machen wir dann am See?

N ▲ Kino? Nein, im Kino ist es immer so heiß.
◆ So heiß? Dann könnt ihr ja ins Schwimmbad gehen.

I ▲ Party? Ach nein. Immer das Gleiche!
◆ Na ja, du kannst ja etwas anderes machen, zum Beispiel mit deinen Freunden ins Kino gehen.

1/20 **a** Ordne den Dialog. Was ist das Lösungswort? Hör dann den Dialog zur Kontrolle.

1/21 **b** Du hörst Sätze mit „hm hm" aus dem Dialog. Such den Satz und lies den ganzen Satz vor.

c Beantworte die Fragen.

1. Wohin können David und seine Freunde fahren?
2. Wo gibt es Schiffe?
3. Wo gibt es tolle Partys?
4. Wohin geht David nicht gern, weil er seekrank wird?
5. Wo gibt es viele Tiere?
6. Wohin geht David nicht gern, weil das nur für kleine Kinder ist?
7. Wohin geht man bei Interesse an Film und Fernsehen?
8. Wo muss man immer zuhören?

→ AB 4-6

> **Ortsangaben mit Dativ und Akkusativ**
> **WIEDERHOLEN**
>
> | Wo? | | Wohin? | |
> |---|---|---|---|
> | am | | an den | See |
> | auf dem | | auf das | Schiff |
> | in der | | in die | Filmstadt |
>
> **ERWEITERN**
>
> | an | |
> |---|---|
> | auf | + *Dativ* → wo? |
> | in | + *Akkusativ* → wohin? |

7 Zwei-Karten-Spiel

a Schreibt auf weiße Karten in Blau *Wohin*-Fragen und in Rot *Wo*-Fragen. Schreibt auf gelbe Karten die passenden Antworten in Blau oder Rot.

> Wohin gehst du?

> An den See.

> Wo bist du?

> Am See.

b So geht das Spiel: Schau im Magazin auf Seite 66 nach.

→ AB 5-6

1 Überraschungsparty – ja oder nein?

Luisa

Ich habe gedacht, dass Luisa am Wochenende bei ihrer Oma ist. Aber wenn sie da ist, warum nicht?

Anna

Luisa möchte eine Überraschungsparty machen. Das finde ich toll.

Kai

Hi Leute,
David hat doch bald Geburtstag. Aber er möchte dieses Jahr gar nicht feiern. Sollen wir eine Überraschungsparty organisieren? Was meint ihr? Bitte meldet euch. Übrigens: Ich fahre am Samstag doch nicht weg. Liebe Grüße Luisa

So eine Party ist sicher lustig. Aber ist Luisa sicher, dass David Überraschungspartys mag? Egal. Ich mache mit.

Wo will Luisa denn so eine Party machen? Geht das überhaupt?

Till

Pia

a Lies Luisas Nachricht. Was für eine Überraschungsparty möchte Luisa machen?

   a Eine Party für David. Aber David weiß nichts von der Party.
   b Eine Party für David. Aber seine Freunde wissen nichts von der Party.
   c Eine Party für David. Aber David hat gar nicht Geburtstag.

Und du bist **Dabei!**

b Lies noch einmal Luisas Nachricht und die Aussagen der Freunde. Wer möchte mitmachen?

c Alle vier Freunde schreiben Luisa eine Nachricht. Wandle die Aussagen von Anna, Till, Kai und Pia um.

Hallo Luisa.
Ich habe gedacht, dass du am Wochenende bei deiner ...
LG Anna

d Luisa antwortet. Schreib die Nachricht.

→ AB 1   bei mir ▪ Wir treffen uns ... ▪ morgen ▪ um vier Uhr

2 Und jetzt du!

Schreib zusammen mit deiner Partnerin / deinem Partner auf:

→ AB 2   Was braucht man für eine Party? Was muss man vorbereiten?

Freunde einladen
Musik
...

3 Viele Fragen

a Lies die Fragen. Welche Frage stellen die Freunde wahrscheinlich nicht?

1. Wann und wo machen wir die Party?
2. Wen sollen wir einladen?
3. Wie wird das Wetter?
4. Was muss man vorbereiten?
5. Welche Spiele sollen wir machen?
6. Warum brauchen wir Gäste?
7. Was gibt es zum Essen und Trinken?
8. Welche Musik brauchen wir?
9. Wer kann eine Torte backen?
10. Wie viele Stühle und Tische brauchen wir?

b Vergleicht eure Notizen aus **2** mit den Fragen aus **3**. Welche Themen kommen
→ AB 2   in beiden Aufgaben vor? Ergänze deine Liste.

4 Das Treffen bei Luisa

 Y
 A
 D
 B

 K
 E
 R
 O

1/22-29   **a**   Hör die Szenen 1 – 8 und schau die Bilder an.

1/22-29   **b**   Hör die Szenen einzeln und ordne die Bilder zu. Was ist das Lösungswort?

c Beantworte die Fragen.

1. Kennt Luisa den großen Garten hinter dem Haus oder an der Straße?
2. Soll Kai den großen Sonnenschirm oder den runden Tisch mitbringen?
3. Soll man den Nachbarn oder das nette Mädchen einladen?
4. Wollen die Freunde die kleinen oder die großen Bratwürste?
5. Findet Anna die kalte Ente gut oder nicht gut?
6. Hält Pia den kalten Hund für ein Tier oder für eine Torte?
→ AB 3-4   7. Bringt Kai die alte CD oder das neue Album von Tonino mit?

> **Adjektiv + Nomen:**
> **Akkusativ bei**
> **bestimmtem Artikel**
> Luisa kennt
> den großen Garten.
>
> Sie laden
> das nette Mädchen ein.
>
> Kai bringt
> die alte CD mit.
>
> Die Freunde wollen
> die großen Bratwürste.

5 Würfelspiel

a Schreib zusammen mit deiner Partnerin / deinem Partner Fragen zu den Szenen.

b So geht das Spiel: Schau im Magazin auf Seite 68 nach.

→ AB 3-4

6 Ein Kochrezept: Kalte Ente

Zutaten:
1 Zitrone und 1 Orange,
1 Liter Apfelsaft (süß),
1 Löffel Zucker,
1 Liter Mineralwasser (kalt),
10 Eiswürfel

• Die Zitrone und die Orange in Scheiben schneiden.
• Die Obstscheiben und den Zucker in eine Schüssel geben.
• Den Apfelsaft in die Schüssel gießen.
• Das Getränk für zwei Stunden in den Kühlschrank stellen.
• Dann das kalte Mineralwasser und die Eiswürfel dazugeben.

a Lies das Rezept und ordne die Bilder.

b Schreib das Rezept auf.

→ AB 5-6

Man schneidet die ...
Man gibt ...

> **ein Kochrezept verstehen**
> Die Zitrone schneiden
> → Man schneidet ...

7 Laute und Buchstaben: z

1/30 **a** Hör zu und sprich nach.

1/31 **b** Hör zu. Was ist falsch? 1, 2, 3, 4 oder 5?

1/32 **c** Hör zu, lies mit und sprich nach.

Gehst du gern in den Zirkus? ▪ Nein, lieber in den Zoo. ▪ Kommst du
→ AB 7 jetzt mit ins Konzert? ▪ Nein, ich habe Zahnschmerzen.

> **So sprichst du das z richtig:**
> Zisch wie eine Schlange.

8 Eine Radiosendung: Was habt ihr heute vor?

1/33 **a** Hör die Sendung. Worum geht es?

Geburtstag ▪ Freizeit ▪ Party ▪ Wetter ▪ Schule ▪ Sport

b Schau die Bilder an und lies die Wörter.

Sonne
Es ist sonnig. Die Sonne scheint.

Regen
Es regnet.

Schnee
Es schneit.

Wind
Es ist windig.

Nebel
Es ist neblig.

Wolke
Es ist bewölkt.

Gewitter
Es gibt ein Gewitter.

1/33 **c** Hör noch einmal zu und zeig auf den Bildern in **b** mit.

1/34 **d** Hör die Wörter aus **b**, zeig mit und sprich nach.

→ AB 8-10

9 Wie wird das Wetter?

Die Sechs-Tage-Vorschau:

a Schreib deiner Partnerin / deinem Partner das Wetter der nächsten Woche auf.

> *Am Montag ist es neblig. Am ... gibt es ... Es regnet/schneit.*
> *Es ist sonnig/windig/bewölkt. Die Sonne scheint.*

b Beschreib deiner Partnerin / deinem Partner
→ AB 8-10   das Wetter eines Tages. Sie / Er muss raten.

> Es ist ... / Es gibt ... Welcher Tag ist das?

Wetter
Schnee
Regen
Wind
Nebel
Wetter
Gewitter
Sonne
Wolke / Wolken

Es regnet/schneit.
Es ist sonnig/windig/
neblig/bewölkt.
Die Sonne scheint.

10 Und jetzt du!

Wie ist das Wetter bei euch? Schreib auf.

Heute ist das Wetter schön/gut/nicht so gut/schlecht.
Es ist (nicht so/ziemlich) kalt/warm/heiß.
Die Sonne ... / Es regnet. / ... / ist sonnig. / ... / Es gibt ...
→ AB 11   Gestern/Vorgestern war ... Morgen/Übermorgen ist ...

Zeitangaben
heute
gestern
vorgestern
morgen
übermorgen

11 Hoffentlich wird das Wetter schön!

● Habt ihr gesehen, wie das
Wetter am Samstag wird?
🌥 (1) und vielleicht
sogar 🌧 (2)!
■ Aber auch ☀ (3).
● Ja, schon, aber nur wenig.
■ Sei froh, wenn die ☀ (4)
nicht immer scheint.
Dann ist es nicht so 🌡(5).

● Wir machen die Party doch im
Garten. Was machen wir denn,
wenn ein 🌩 (6) kommt?
■ Das ist doch kein Problem.
Wir haben doch die große
Garage. Da feiern wir weiter,
wenn es stark 🌥 (7).
● Wenn du meinst.

Nebensatz mit *wenn*
Hauptsatz
Es regnet stark.

Nebensatz
Wenn es stark regnet.

Wir feiern auch weiter,
wenn es stark regnet.

1/35   **Lies den Dialog. Ersetze die Bilder durch die passenden Wörter.**
→ AB 12-13   **Hör dann den Dialog zur Kontrolle.**

12 Was machst du, wenn ...?

→ AB 12-13   Schreib für deine Partnerin / deinen Partner Fragen mit *wenn*.
Tauscht dann die Blätter und beantwortet die Fragen.

> *Was machst du, wenn es regnet?*
> *Ich ...*

1 David ist allein

▲ Hallo, Anna.

● Hey! Hallo, David. Und? Wie geht's?

▲ Es geht so. Nur …

● Was ist denn?

▲ Ich habe doch heute Geburtstag.

● Ach ja, richtig.

▲ Und … na ja … hast du heute Nachmittag vielleicht Zeit?

● Heute Nachmittag? Nein, tut mir leid. Ich muss zum Hockey - Training. Ich habe gedacht, dass du nicht feierst.

▲ Ach so. Schade.

> Und du bist **Dabei!**

Enttäuschung ausdrücken
Ach so. Schade.
Schon gut. Lass mal.
Na gut.
Da kann man nichts machen.

1/36 **a** Hör den Dialog und lies mit.

1/37 **b** Macht weitere Dialoge. Wechselt diese Teile aus. Hört dann die Dialoge zur Kontrolle.

Kai auf meine Schwester aufpassen. Schon gut. Lass mal.

→ AB 1   Pia Mathe üben. Na gut. Da kann man nichts machen.

2 Till ruft an

1/38 **a** Hör zu und schau die Bilder an. Wie ist David? Und Till? Und wie ist Davids Mutter?

 ①

 ②

 ③

Wortbildung: Adjektiv mit Vorsilbe *un-*
☺ glücklich ↔
☹ **un**glücklich = *nicht glücklich*

☺ freundlich ↔
☹ **un**freundlich = *nicht freundlich*

un- = *schlecht, nicht (gut)*

a	unglücklich	d	glücklich	g	fröhlich
b	unsympathisch	e	sympathisch	h	witzig
c	unfreundlich	f	freundlich	i	traurig

1/38 **b** Hör noch einmal zu. Beantworte die Fragen.

1. Wer ruft an?
2. Was fragt Till?
3. Wie ist Till in Mathe?
4. Wohin geht David?

5. Warum soll David zu Till kommen? Was glaubst du?

Vermutungen ausdrücken
Ich denke, dass …
Ich glaube, dass …
Vielleicht/Wahrscheinlich …

> Ich denke/glaube, dass …

> Vielleicht/Wahrscheinlich …

→ AB 2

3 Davids Geburtstag

a Schau die Bilder an. Lies die Abschnitte und ordne sie den Bildern zu.
Was ist das Lösungswort?

- F • Hallo David. Komm rein.

- U • Hä? Was ist denn hier los?
  • Überraschung!!!

- N • Was ist das denn? Ich habe geglaubt, dass wir …
  • Dass wir Mathe lernen? Quatsch.

- E • Psst! Er kommt!

- D • Herzlichen Glückwunsch zum Geburtstag.
  • Alles Gute!
  • Luisa, du!? Aber … aber du bist doch …
  • Bei meiner Oma? Nein. Wir fahren erst nächste Woche.
    Oma geht es schon besser.
  • Na so was!

- R • Komm, wir gehen in den Garten. Das Wetter ist ganz schön heute.

> **Überraschung ausdrücken**
> Was ist denn hier los?
> Was ist das denn?
> Ich habe gedacht/
> geglaubt, dass …
> Na so was!
> Aber …

> **TIPP**
> Lies Ausdrücke im ganzen
> Satz und achte dabei auf
> die Intonation.

b Lies noch einmal die Abschnitte und schau die Bilder an. Wer spricht?

1/39 **c** Hör den Text zur Kontrolle.

→ AB 3

4 Was machen die Jugendlichen auf der Party?

1/40 Hör die Szenen 1 – 5. Ordne dann die Wörter den passenden Szenen zu.

→ AB 4 a essen   b spielen   c singen   d trinken   e tanzen   f grillen

5 Spiel: Joghurt essen

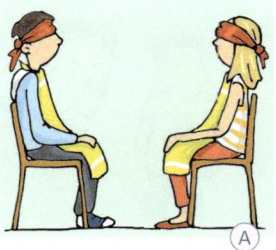 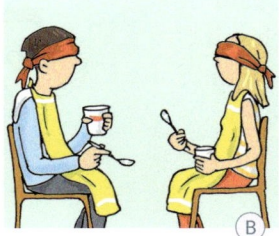 

Vorbereitung: Zwei Spieler sitzen sich gegenüber. Jeder Spieler hat ein **???** (1) über dem Oberkörper und die **???** (2) verbunden.

So geht das Spiel: Beide Spieler haben einen Becher mit Joghurt und einen **???** (3) in der **???** (4). Jetzt schiebt Spieler 1 einen Löffel mit Joghurt in den **???** (5) von Spieler 2. Er kann aber nichts **???** (6)! Gleichzeitig füttert Spieler 2 Spieler 1 mit dem Löffel.

Ziel: Das Spiel ist zu Ende, wenn ein Becher leer ist. Dann kommen die nächsten zwei Spieler dran. Viel Spaß beim Zuschauen!

eine Spielanleitung verstehen
Vorbereitung: …
So geht das Spiel: …
Jetzt …
Dann …
Ziel: Das Spiel ist zu Ende, wenn …

Schau die Bilder an. Lies dann die Spielanleitung. Ergänze die Wörter.

→ AB 5   Hand ▪ sehen ▪ Mund ▪ Augen ▪ Löffel ▪ Handtuch

6 Karaoke für David

Musik ist mein Hobby,
Musik ist mein Leben.
Ich könnte dafür einfach alles geben.
Ich weiß, ich soll noch
die Aufgaben machen.
Doch tut es mir wirklich schrecklich leid.
Für andere Interessen und andere Sachen

habe ich leider keine Zeit.
Ich übe drei Stunden jeden Tag,
weil ich mein Saxofon so gerne mag.
Und sagt einer:
„Was? Das ist nicht normal!"
Dann sag ich: „Das ist mir doch egal!"

1/41 **a** Hör zu und lies die Strophe mit.

1/42 **b** Macht eine weitere Strophe. Wechselt diese Teile aus. Hört dann die Strophe zur Kontrolle.
den Müll rausbringen   mein Schlagzeug

1/43 **c** Macht weitere Strophen und singt zum Playback.

→ AB 6

7 Die Party ist zu Ende

1/44   **Hör zu und lies die Aussagen. Was ist richtig? Was ist falsch?**

1. Die Party ist um neun Uhr zu Ende.
2. Alle helfen beim Aufräumen.
3. Till hat keinen Wunsch mehr.
4. David dankt seinen Freunden.
5. Luisa singt.

→ AB 6

1 Lesen: Witze

1. Der Vater sagt zu seinem Sohn: „Ich habe doch bald Geburtstag. Und zu meinem Geburtstag darf ich mir etwas wünschen. Also, ich wünsche mir, dass du in Mathe besser wirst." „Zu spät", antwortet der Sohn, „ich habe dir schon ein Buch gekauft."

2. Es ist Winter. Es liegt viel Schnee. An einem See zieht ein Mann seine Sachen aus und hängt Jacke, Hose und Pulli an einen Baum. Da kommt eine Frau vorbei und fragt: „Was denn, um diese Zeit wollen Sie schwimmen?" „Warum?", fragt der Mann. „Es ist doch erst Viertel nach eins."

3. „Kommst du am Freitag zu mir?", fragt Ricky, „dann spielen wir im Garten Fußball." „Wenn es aber am Freitag regnet?", fragt Roman. „Dann kommst du einfach schon am Donnerstag."

4. Die Schwester sagt: „Sag bitte der Mama nicht, dass ich ihr Schokolade zum Geburtstag gekauft habe." „Willst du sie überraschen?", fragt der Bruder. „Nein, ich habe die Schokolade selbst gegessen."

5. Der Tourist ist sauer. „Regnet es in eurem Dorf eigentlich immer?", fragt er. „Nein, natürlich nicht", antwortet der Dorfbewohner. „Im Winter schneit es."

a Lies die Witze und schau die Bilder an.
Was passt zusammen?

b Erzähl die Witze neu.

den Witz Nummer 4 mit anderen Süßigkeiten ▪ den Witz Nummer 3 mit anderen Wochentagen und anderen Sportarten ▪ den Witz Nummer 1 mit anderen Personen, Schulfächern und einem anderen Geschenk

2 Portfolio: Das bin ich

a Schreib auf:

deinen Namen,
dein Geburtsdatum und deinen Geburtsort,
und alles, was du von dir erzählen möchtest.

b Leg das Blatt in dein Portfolio.

Ich heiße …
Ich bin am … in … geboren.
Meine Hobbys sind …
Ich habe … Geschwister.
…

3 Projekt: Unser Wetter

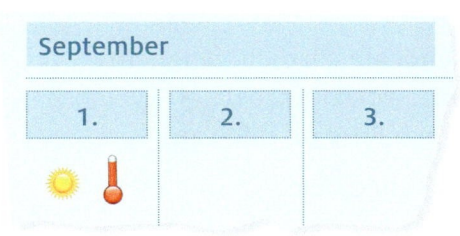

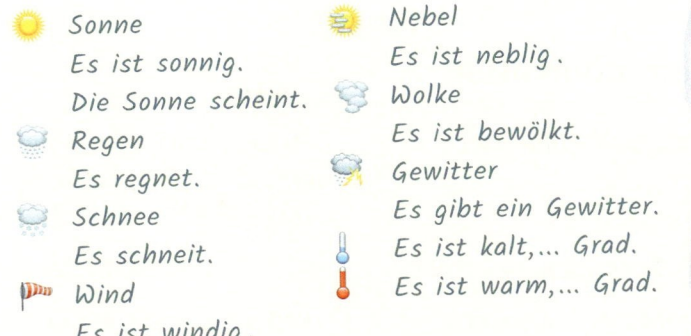

Sonne	Nebel
Es ist sonnig.	Es ist neblig.
Die Sonne scheint.	Wolke
Regen	Es ist bewölkt.
Es regnet.	Gewitter
Schnee	Es gibt ein Gewitter.
Es schneit.	Es ist kalt,... Grad.
Wind	Es ist warm,... Grad.
Es ist windig.	

a Hängt einen Monatskalender auf. Zeichnet auf ein Plakat die Wetter-Symbole und schreibt die deutsche Bedeutung dazu.

b Beschreibt jeden Tag das Wetter: Tragt die passenden Wetter-Symbole in den Kalender ein.

Heute regnet es/ist es sonnig/...

Es ist kalt/...
Es hat ... Grad.

c Schaut am Ende der Woche oder am Ende des Monats den Wetterkalender an. Stellt Fragen.

◆ Wie war das Wetter am Montag/am ersten September/...?

◆ Wie oft hat es letzte Woche/im September geregnet/...?

◆ Wie oft war es sonnig/...?

▼ Es hat .../war ...

4 Wir sprechen miteinander: Thema „Geburtstag"

a Schreibt in jeder Gruppe vier Karten zum Thema „Geburtstag".

Geburtstag
geboren

Geburtstag
Feier

Geburtstag
Essen/Trinken

Geburtstag
Geschenke

b Nehmt eine Karte, fragt und antwortet.

geboren	Feier	Essen/Trinken	Geschenke
● Wann bist du geboren? ■ Am ...	● Wie feierst du deinen Geburtstag? ■ Ich mache eine Party.	● Was gibt es an deinem Geburtstag? ■ Pizza und Cola.	● Was wünschst du dir zum Geburtstag? ■ Ich wünsche mir Bücher.
● Wo bist du geboren? ■ In ...	● Was machst du an deinem Geburtstag? ■ Ich gehe ins Eiscafé.	● Was esst/trinkt ihr auf der Party? ■ Wir essen Eis und trinken Limo.	● Was hast du zum Geburtstag bekommen? ■ Zwei Bücher.

Film
Modul 13

5 Schau den Film *Geburtstag* zu Modul 13 an und lös die Aufgaben auf S. 80.

Kommunikation

jemanden einladen	Zu meinem Geburtstag am ... möchte ich dich (herzlich) einladen. ▪ Wir treffen uns um ... vor/an/in/bei ... ▪ Hoffentlich kannst du kommen. ▪ Bitte ruf mich an.
ein Kochrezept verstehen	Die Zitronen schneiden. ▪ Man schneidet ...
Enttäuschung ausdrücken	Ach so. Schade. ▪ Schon gut. Lass mal. ▪ Na gut. ▪ Da kann man nichts machen.
Vermutungen ausdrücken	Ich denke, dass ... ▪ Ich glaube, dass ... ▪ Vielleicht/Wahrscheinlich ...
Überraschung ausdrücken	Was ist denn hier los? ▪ Was ist das denn? ▪ Ich habe gedacht/geglaubt, dass ... ▪ Na so was! ▪ Aber ...
eine Spielanleitung verstehen	Vorbereitung: ... ▪ So geht das Spiel: ... ▪ Jetzt ... ▪ Dann ... ▪ Ziel: Das Spiel ist zu Ende, wenn ...

Grammatik

1 Adjektiv + Nomen: Akkusativ bei bestimmtem Artikel

Luisa mag ...	den großen Garten.	das nette Mädchen.	die alte CD.	die großen Bratwürste.

2 Ortsangaben mit Dativ und Akkusativ

an/ auf/in	+ *Dativ* → **wo**?	Wir sind ...	am See.	auf dem Schiff.	in der Filmstadt.
	+ *Akkusativ* → **wohin**?	Wir gehen ...	an den See.	auf das Schiff.	in die Filmstadt.

3 Nebensatz mit *wenn*

Hauptsatz	*Nebensatz*
Es regnet stark.	→ **Wenn** es stark regnet.
Wir feiern auch weiter,	**wenn** es stark regnet.

4 Wortbildung: Adjektiv mit Vorsilbe *un-*

☺ glücklich ↔ ☹ **un**glücklich = *nicht glücklich*
☺ freundlich ↔ ☹ **un**freundlich = *nicht freundlich*

un- = *schlecht, nicht (gut)*.

Schau die Bilder an.
Worum geht es? Sprich darüber.

Geschichte: Julia, Theo, Mode und mehr

Mode und Moden

Das lernst du:

- Lebensmittel beschreiben und bewerten
- Mengen angeben
- Hilfe anbieten
- Erlaubnis und Verbote aussprechen
- ein Gefühl ausdrücken

- Alltagsdinge
- Kleidung

- Adjektiv + Nomen: Nominativ und Akkusativ bei unbestimmtem Artikel
- Genitiv der Nomen
- Verben mit Reflexivpronomen
- unbestimmter Artikel im Dativ

1 Wir haben Hunger!

a   Schaut das Bild an. Sprecht in der Klasse darüber.

1/45   **b**   Hör zu und schau das Bild an. Worum geht es?

1/45   **c**   Hör noch einmal zu und lies die Sätze. Was ist richtig? Was ist falsch?

   1. Fast Food macht dick.
   2. In Hamburgern und Hotdogs ist Fleisch.
   3. Pommes frites sind gar nicht fett.
   4. Salat ist ungesund.
   5. Salat muss frisch sein.
   6. Käse kann hart oder weich sein.
   7. Dunkle Schokolade ist nicht bitter.

→ AB 1-3   8. Chili ist scharf.

> **Lebensmittel beschreiben und bewerten**
> Pommes sind fett.
> Salat ist gesund.
> Fast Food macht dick.
> Lebensmittel können fett, bitter, frisch, hart, weich, scharf, gesund, ungesund sein.

2 Interviewspiel

a   Sammelt an der Tafel Argumente für oder gegen Fast Food.

Ich mag/esse gern …	1. Hamburger,	weil	A. gut schmecken.
	2. Hotdogs,		B. …
	…		…
Ich mag …	7. keine Hamburger,	weil	G. … ungesund sind.
	8. keine Hotdogs,		H. … dick machen.

b   So geht das Spiel: Schau im Magazin auf Seite 69 nach.

→ AB 1-3

3 Ein Test: Welcher Ess-Typ bist du?

„Jeder ist, was er isst!", sagt man. Und das mit Recht! Wissenschaftler haben eine Gruppe von Mädchen und Jungen beim Essen beobachtet und dabei drei ganz unterschiedliche Ess-Typen entdeckt. Möchtest du wissen, welcher Typ du bist? Dann nenne zu jedem Punkt deine Meinung.

1. Lebensmittel müssen

 preiswert sein.

 frisch und gesund sein.

 wenig verpackt sein.

2. Fast Food esse ich

 sehr oft.

 manchmal.

 selten oder nie.

3. Gemüse und Salat esse ich

 täglich.

 oft.

 selten.

4. Ich esse meistens,

 was die anderen auch essen.

 was ich gerade möchte.

 was gesund ist.

 was mir schmeckt.

5. Beim Essen passe ich auf,

 dass ich nicht zu dick werde.

 dass ich satt werde, egal wie.

 dass es gesund ist.

dass es gut schmeckt.

6. Welche Aussage passt?

 Ich esse oft aus Stress oder Langeweile.

 Ich esse nur, weil ich muss.

 Mir macht Essen Spaß.

 Ich zähle die Kalorien. Ich möchte nicht zu dick werden.

Auswertung:

Jede Orange zählt 3 Punkte, jeder Apfel 1 Punkt, jede Birne 0 Punkte.

0 bis 6 Punkte: Essen muss dir schmecken und darf keine Arbeit machen. Fast-Food und Süßigkeiten findest du super. Und die Figur ist dir egal.

7 bis 12 Punkte: Drei Dinge sind dir wichtig: dein Aussehen, deine Gesundheit und deine Fitness. Salat, Obst und mageres Fleisch magst du gern.

13 bis 20 Punkte: Du isst viel Gemüse und Obst. Vielleicht isst du sogar vegetarisch. Du hast Spaß am Essen und liebst den guten Geschmack.

→ AB 4 **Mach den Test. Stimmt das Ergebnis deiner Meinung nach?**

4 Klassenergebnis

a Macht die Test-Auswertung in der Klasse. Schreibt das Ergebnis an die Tafel.

50 Prozent von uns meinen, dass Lebensmittel preiswert/ frisch/ ... sein müssen.

Fast Food/... essen mehr als/ ... sehr oft/...

Mengen angeben

Circa/fast/mehr als ein Viertel/50 Prozent/die meisten/wenigsten von uns ... meinen, dass ...

Fast Food/ ... essen mehr als/ ... sehr oft/täglich/...

Die meisten/wenigsten essen, was gesund ist/...

... Prozent/... essen oft/ nur ...

b Ordne diese Wörter vom wenigsten zum meisten.

→ AB 4 selten ▪ sehr oft ▪ nie ▪ oft ▪ immer ▪ manchmal ▪ meistens

5 Meine Geldbörse ist weg!

▲ Mist! Ich habe meine Geldbörse verloren.
Ich muss noch einmal zurück.

▲ Entschuldigen Sie bitte. Haben Sie
vielleicht eine rote Geldbörse gefunden?

◆ Eine rote Geldbörse? Mal sehen.

Was haben wir denn da?

Einen kleinen grauen  (1),

gelbe  (2),

ein altes  (3),

eine schwarze  (4),

eine bunte  (5),

aber keine rote  (6).

Tut mir leid.

▲ Na ja, da kann man nichts machen.

Sonnenbrille

Geldbörse

Kette

Schlüssel

Rätselheft

Handschuhe

Alltagsdinge
Schlüssel
Ausweis/Schülerausweis
Rätselheft
Geldbörse
Brille/Sonnenbrille
Kette
Handschuhe

**Adjektiv + Nomen:
Akkusativ bei
unbestimmtem Artikel**
Ich habe …
einen kleinen Schlüssel.
ein altes Rätselheft.
eine schwarze Sonnenbrille.
gelbe Handschuhe.

a Lies den Dialog, schau die Bilder an und ergänze die Wörter.

1/46 **b** Hör den Dialog und lies mit.

1/47 **c** Macht einen weiteren Dialog mit diesem Teil . Wechselt die Wörter
in Artikelfarben aus. Hört dann den Dialogteil zur Kontrolle.

einen kleinen Schülerausweis → [Schülerausweis]   eine dunkelblaue Schere

ein altes Handy   hellrote Ohrringe

1/48 **d** Macht noch einen Dialog. Achtet auf die richtigen Endungen.
Hört dann den Dialogteil zur Kontrolle.

→ AB 5-9 Kalender (bunt)   Heft (grau)   Tasche (rot)   Turnschuhe (weiß)

6 Theo

1/49 **a** Hör zu und beantworte die Fragen.

1. Wo ist Julia?   3. Wer hilft ihr?
2. Was sucht sie?   4. Wie findet Julia den Jungen?

1/49 **b** Hör noch einmal zu. Lies die Aussagen a – i.
Welche Sätze kommen nicht vor?

[a] Ich habe meine Geldbörse
verloren. Ich kann sie finden.
[b] Kannst du mir helfen?
[c] Da hinten, in der Ecke.
[d] Wo hast du sie denn gefunden?

[e] Kann ich dir helfen?
[f] Der sieht so komisch aus.
[g] Auf jeden Fall, vielen Dank.
[h] Komm, ich helfe dir suchen.
[i] Brauchst du Hilfe?

→ AB 10

Hilfe anbieten
Kann ich dir helfen?
Komm, ich helfe dir.
Brauchst du Hilfe?

1 Wie findest du das?

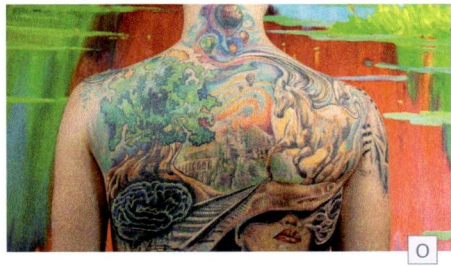

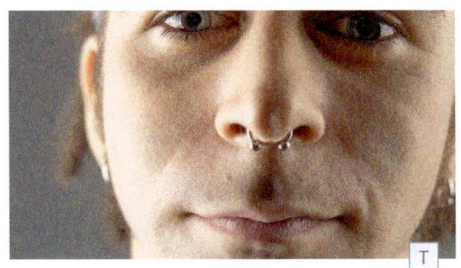

a Schau die Bilder an. Lies die Fragen und ordne sie den Bildern zu.
Was ist das Lösungswort?

Wie findest du ...

1. die Ohrringe der Freunde?
2. das Tattoo am Arm der Frau?
3. die Piercings des Musikers?
4. den Nasenring des Jungen?
5. den Rücken des Mannes?
6. die Tattoos des Paares?

Genitiv der Nomen

Wie findest du das
Tattoo/Piercing ...

des Musikers?
des Mannes?
! des Jungen?
des Paares?
der Frau?
der Freunde?

1/50 **b** Hör die Fragen und Anworten. Lies die Antworten mit.

gut ▪ nett ▪ schön ▪ hübsch ▪ interessant ▪ romantisch ▪ cool ▪ doof ▪
blöd ▪ hässlich ▪ langweilig ▪ komisch ▪ lustig ▪ uncool

c Stell deiner Partnerin/deinem Partner Fragen zu den Bildern.
→ AB 1-3 Sie/Er antwortet.

2 Faltspiel

a Jeder Spieler hat ein Blatt und schreibt diesen Satz in die fünf Spalten.

ZEIT	VERB	NOMEN	OBJEKT	BESITZER
Am Abend	liest	der Vater	den Brief	der Oma.

b So geht das Spiel: Schau im Magazin auf Seite 69 nach.
→ AB 1-3

3 Internet-Forum

Für oder gegen Tattoos und Piercings? ● ● ●

A. Ich mag Piercings überhaupt nicht. Aber ein kleines Tattoo finde ich toll. Nur – meine Eltern haben es verboten. Ich bin noch zu jung, sagen sie. Und in meinem Alter geht ohne Erlaubnis der Eltern gar nichts.	**D.** Ich bin eigentlich nicht sehr streng. Ich erlaube meiner Tochter sogar ein kleines Tattoo oder ein Piercing, am Ohr oder so. Aber sie will nicht. Sie hat Angst. Das tut sicher weh, wenn man es machen lässt, sagt sie.
B. Ich habe lange mit meinen Enkeln darüber diskutiert. Man muss gut überlegen: So ein Tattoo bleibt. Man kann es nicht einfach wegmachen, wenn man es nicht mehr mag.	**E.** Bei mir und meiner Band gehören Piercing und Tattoo einfach dazu. Das ist cool, das ist modern. Unsere Fans lieben unseren Hardrock und unser Aussehen.
C. Ich habe mir letzte Woche ein Tattoo am Fuß machen lassen. Meine Eltern haben gesagt, dass sie mir das erlauben, wenn ich sechzehn bin. Letzte Woche hatte ich Geburtstag. Es sieht toll aus.	**F.** Ich möchte kein Tattoo. Vielleicht gefällt es mir später nicht mehr und dann muss ich damit leben. Ein Piercing ist da besser. Man kann es wieder wegmachen, wenn man es nicht mehr mag.

a Lies die Beiträge. Wer ist für Tattoos oder Piercing? Wer ist dagegen?

b Wer hat die Beiträge geschrieben?

1. ein Mädchen, 12 Jahre   3. eine Mutter   5. ein Musiker
2. ein Mädchen, 16 Jahre   4. ein Junge, 18 Jahre   6. eine Großmutter

→ AB 4

4 Laute und Buchstaben: ie

1/51 **a** Hör zu und sprich nach.

1/52 **b** Hör zu, lies mit und sprich nach.

Viele Kinder möchten ein Haustier, am liebsten einen Hund. ▪
Sie diskutieren mit den Eltern. ▪ Aber diese verbieten es. ▪
Sie meinen, dass sich nachher niemand mehr für das Tier
interessiert. ▪ Die Kinder sagen, das passiert nie!

→ AB 5

> **So sprichst du das lange i richtig:**
> Du schreibst ie.
> Du sprichst ein langes i.

5 Julia, Theo und der Körperschmuck

1/53 **a** Hör zu. Worum geht es?

1/53 **b** Hör noch einmal zu. Mach dann diese Aufgaben.

1. Vergleiche Theos Eltern mit Julias Eltern.
2. Vergleiche den ersten Tattoo-Wunsch von Julias Bruder mit seinem zweiten Wunsch.
3. Überlege: Wie findet Julia Körperschmuck?

→ AB 6-7

6 Und jetzt du!

a Schau die Bilder an, lies die Fragen und schreib auf.

1. Was erlauben/verbieten dir deine Eltern?
2. Sind deine Eltern streng?
3. Was ist bei dir zu Hause auf jeden Fall verboten?

Meine Eltern erlauben mir, dass ich …
Ich darf auf keinen Fall …
Meine Eltern geben mir die Erlaubnis, dass …
Meine Mutter ist dafür/dagegen, dass …

b Schreib fünf Fragen für deine Partnerin/deinen Partner, z. B.
Darfst du …? Tauscht die Blätter und beantwortet die Fragen.

→ AB 6-7

7 Pro und Kontra „Tattoos und Piercing"

a Im Internet-Forum in 3 gibt es Argumente für und gegen Tattoos und Piercing.
Schreibt sie an die Tafel. Sammelt weitere Argumente und schreibt sie dazu.

b Diskutiert in der Klasse.

→ AB 8

Ich meine/glaube, dass …   Ich finde …   Meiner Meinung nach …

8 Es geht auch so!

„Body-Tattoos" sind hip!
Besonders cool ist,
dass man die Tattoos
abwaschen kann.

  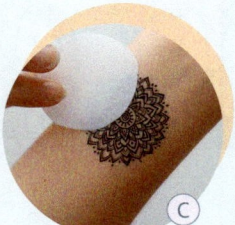

Motiv ausschneiden, Folie abziehen,   auf die Haut kleben, nass machen,   Papier anheben und abziehen.

Schreib eine ausführliche Gebrauchsanweisung
für „Das abwaschbare Body-Tattoo".

→ AB 8

Man muss zuerst …
Dann …

1 Na, wie fühlst du dich?

▲ Hallo, Rosa.

● Hallo, Julia. Na, wie fühlst du dich?

▲ Hä? Ich fühle mich gut. Warum?

● Ich habe gehört, du hast einen neuen Freund?

▲ Einen neuen Freund? Ich? Wer sagt das?

● Hannes und Andy sagen das.
Sie haben dich gestern gesehen.
Und sie erinnern sich genau, dass du dich mit einem Jungen getroffen hast.

▲ Na und?

● Es stimmt doch, oder? Habt ihr euch denn gut unterhalten?

▲ Ja, wir haben uns sehr gut unterhalten. Sonst noch was?

● Hast du dich vielleicht verliebt?

▲ Ich? Verliebt? So ein Quatsch!

● Aber du freust dich schon, dass du ihn bald wiedersiehst, oder?

▲ Du nervst!

● Du musst dich beeilen. Er wartet schon da drüben. Sonst ärgert er sich, wenn du zu spät kommst.

▲ Ach, lass mich doch in Ruhe!

a Schau das Bild an. Worum geht es?

1/54 **b** Hör zu und lies mit. Wie findest du Rosa? Und Julia?

c Lies noch einmal den Dialog.
Ordne den Bildern Sätze aus dem Text zu.

1/55 **d** Du hörst Sätze mit „hm hm". Such den passenden Satz im Text
→ AB 1-3 und lies den Satz richtig vor.

Und du bist **Dabei!**

Verben mit Reflexivpronomen

ich	freue **mich**
du	freust **dich**
er/es/sie	freut **sich**
wir	freuen **uns**
ihr	freut **euch**
sie/Sie	freuen **sich**

ein Gefühl ausdrücken

Ich freue mich, wenn/dass/weil …
Ich ärgere mich, wenn/dass …
Ich fühle mich gut/ schlecht/…
Ich habe mich verliebt.

2 Und jetzt du!

Ich Mein Freund/Meine Freundin/... Meine Eltern Meine Freunde/Geschwister und ich	(sich) freuen (sich) ärgern	dass, wenn, weil	die Sonne scheint. ich eine Eins in ... habe. es regnet. wir Ferien haben.

→ AB 1-3 **Schreib so:** *Ich freue mich, dass ...*

3 Julia, Theo und die Mode

1/56 **a** Hör zu und schau das Bild an.

1/56 **b** Hör noch einmal zu. Was ist richtig: a, b oder c?

1. Woher hat Theo seine Kleidung?
   - a Aus dem Kaufhaus.
   - b Von seinem Opa.
   - c Vom Flohmarkt.

2. Warum kauft Theo seine Kleidung auf dem Flohmarkt? Weil sie dort ...
   - a billig ist.
   - b modern ist.
   - c teuer ist.

3. Mit wem geht Julia einkaufen?
   - a Mit Theo.
   - b Mit ihrer Schwester.
   - c Mit ihrem Hund.

4. Wo kauft Julia ein?
   - a Im Kaufhaus.
   - b Auf dem Markt.
   - c Bei der Mutter.

5. Warum passt Julia auf, was die anderen anhaben? Sie möchte ...

→ AB 4
   - a anders sein.
   - b modern sein.
   - c wie die anderen sein.

4 Lied: Alle machen mit

1 Gestern habe ich es wieder
im Internet gelesen.
Mein Outfit ist schon letztes Jahr
unmodern gewesen.
Ich habe etwas an,
aber ich bin nicht „in",
weil ich mit meinen Klamotten
total altmodisch bin.
Eine Jacke von Hilfangi,
das ist der größte Hit.
Egal, was es auch kostet:
Alle machen mit.

2 Wie kann ich bei meinen Freunden
ein wenig Eindruck machen?
ich brauche einfach lauter
moderne, neue Sachen.
Früher war's mir wichtig,
dass ich anders bin als du.
Ich weiß jetzt, ich muss gleich sein,
sonst gehör' ich nicht dazu.

1/57 **a** Hör zu und lies mit.

1/58 **b** Mach weitere Strophen mit anderen Kleidungsstücken.

→ AB 4 Sing dann die Strophen zum Playback.

5 Passt die Kleidung?

a Schau die Szenen an. Was passt nicht?

b Überlege mit deiner Partnerin/deinem Partner:
Was kann/muss man bei einem Tanzkurs/einem Konzert/einer Strandparty tragen? Was kann/darf man (auf keinen Fall) tragen?

Anzug ▪ T-Shirt ▪ Badehose  ▪ Skischuhe

Badeanzug ▪ Kleid ▪ Mütze ▪ Turnschuhe

Schreib auf: *Bei … kann/muss/darf man (auf keinen Fall) … tragen.*

unbestimmter Artikel im Dativ	
bei	einem Kurs
	einem Konzert
	einer Party
	Freunden

Kleidung
Anzug
Badeanzug
Badehose
Skischuhe
Turnschuhe

c Überlegt auch, was man bei diesen Gelegenheiten trägt:

Ausflug ▪ Sportfest ▪ Schülerdisco ▪ bei Freunden

d Sucht euch eine Szene von a aus. Schreibt gemeinsam eine kleine Geschichte. Überlegt auch: Was sagen die Personen?

→ AB 5-7

6 Schülerforum

Wo findest du deine Klamotten? •••	
A. Ich gehe gern auf den Flohmarkt. Da finde ich immer etwas. Josef	**F.** Ich hole auch Ideen aus Internet-Blogs, aber auch aus Zeitschriften. Uta
B. Seit ich meine Kleidung im Internet bestellen kann, gehe ich gar nicht mehr einkaufen. Pia	**G.** Trägst du wirklich alte Sachen, die schon andere Leute getragen haben? Lina
C. Kleidung interessiert mich nicht. Meine Mutter kauft für mich ein. Uli	**H.** Ich gehe auch gern einkaufen, aber in kleine Geschäfte. Jan
D. Mir macht Einkaufen Spaß: Mit meiner Freundin in der Stadt spazieren gehen und im Kaufhaus nach Klamotten suchen. Marta	**I.** Mir geht es genauso. Einkaufen per Computer ist so einfach. Da muss man nicht aus dem Haus. Leonie
E. Ich informiere mich in den Modeblogs im Internet, was gerade in ist. Evi	**J.** Sag mal, wie alt bist du denn? Also, ich kaufe meine Sachen selbst. Max

a Lies die Texte. Welche Texte passen zusammen?

b Lies die Texte und die Aussagen. Was ist richtig? Was ist falsch?

1. Leonie kauft im Internet ein.
2. Max mag alte Sachen.
3. Modeblogs gibt es in Zeitschriften.
4. Jan kauft gern im Kaufhaus ein.

c Welchem Beitrag stimmst du zu? Was ist deine Meinung?

→ AB 6-7

7 Julia und Rosa auf dem Flohmarkt

▲ Ah, hier ist der Flohmarkt.

● Was suchen wir eigentlich?

▲ Die verkaufen doch sicher Kleidung.

● Ich habe gar nicht gewusst, dass du solche Klamotten magst.

▲ Na ja. Man muss doch mal den Stil ändern.

● Kann es sein, dass dich dein neuer Freund auf die Idee gebracht hat?

▲ Ja. Nein. Das ist doch egal. Also, ich suche einen Rock.

● Sieh mal, hier ist ein grüner Rock. Wie findest du ihn denn?

▲ Nicht schlecht.

● Und der Preis?

▲ Ach ja, der Preis. Entschuldigung. Was kostet der Rock?

■ Der Rock? Der ist preiswert, nur drei Euro 50.

▲ Das ist wirklich billig. Den nehme ich. Gibt es vielleicht auch
Tücher, Jacken und Ohrringe?

> **Adjektiv + Nomen:**
> **Nominativ bei**
> **unbestimmtem Artikel**
>
> | Hier ist | ein blauer Rock. |
> | | ein buntes Tuch. |
> | | eine gelbe Jacke. |
> | Hier sind | rote Ohrringe. |

1/59 **a** Hör zu und lies mit.

1/60 **b** Macht weitere Dialoge mit diesem Teil. Wechselt die Wörter in Artikelfarbe aus.
Hört dann die Dialogteile zur Kontrolle.

€ 2,50   € 1,20   € 3,80   € 2,00

→ AB 8-9   ein blauer Rock   ein buntes Tuch   eine gelbe Jacke   rote Ohrringe

8 Kimspiel

a Macht Bildkarten mit Kleidungsstücken in Artikelfarben.

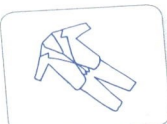   

b So geht das Spiel: Schau im Magazin auf Seite 70 nach.

→ AB 8-9

9 Ein Wiedersehen

1/61 **a** Hör zu und ordne die Bilder.

b Was sagt ihr dazu? Wie geht die Geschichte wohl weiter?

→ AB 8-9   Sprecht in der Klasse darüber.

Und
du bist
Dabei!

1 Lesen: Aus der Jugendzeitschrift „Bravissimo"

KÖRPERKULT IN ALLER WELT

Tattoos und Piercing. Ist das Mode in unserer Zeit oder hat es so etwas schon früher gegeben? Hier sind einige interessante Informationen.

1 Schon in der Steinzeit haben sich Menschen tätowiert. Auch bei den alten Ägyptern und Römern war die Kunst des Tätowierens bekannt.

2 Der englische Seefahrer James Cook hat in der Südsee Menschen mit kunstvollen Mustern am ganzen Körper gesehen. Auf der Insel Tahiti hat er gelernt, wie dieser Körperschmuck heißt: „tatau". Aus dem Wort „tatau" wurde in der englischen Sprache „tattoo" und auf Deutsch „Tätowierung".

3 Manche Samoaner brauchen eigentlich keine Hose. Ihr Körper ist vom Bauch bis zu den Knien tätowiert.

4 Lange Zeit haben in Japan nur sehr wichtige Personen schöne, bunte Kleider getragen. Für „normale" Menschen war das nicht erlaubt. Deshalb haben viele „normale" Menschen ihren Körper mit bunten Bildern schmücken lassen.

5 Die Gesichter der Maori- Familien in Neuseeland tragen eigene Muster und Figuren. Diese Tattoos nennt man „Moko".

6 Wie die Tätowierungen hat es auch Piercings schon in früherer Zeit gegeben. Besonders bei Naturvölkern auf fernen Inseln oder im Dschungel am Amazonas ist das Piercing noch heute ein wichtiger Teil ihres Lebens. Es zeigt, wie wichtig eine Person ist.

a Lies den Text. Bei welchem Abschnitt geht es um Piercing, bei welchen Abschnitten um Tattoos?

b Zu welchen Abschnitten passen diese Sätze?

- a Keine bunte Kleidung, aber bunte Tattoos für „normale" Leute.
- b Piercing gibt es schon seit langer Zeit.
- c Schon in der Frühzeit der Menschen waren Tattoos bekannt.
- d Das Wort „Tätowierung" kommt aus der Südsee.
- e In Neuseeland haben Maori-Familien verschiedene Tätowierungen.
- f Tattoos können Schmuck für fast den ganzen Körper sein.

c Zu welchen Abschnitten passen diese Bilder?

(A) (B) (C)

2 Projekt: Mix-Max

Alle Schüler haben gleich große Blätter. Die Blätter
durch drei Linien in vier gleiche Teile teilen.
Alle zeichnen an der gleichen Stelle ein:
    an der ersten Linie, wo der Hals sein soll,
    an der zweiten Linie, wo der Bauch sein soll,
    an der dritten Linie, wo die Beine anfangen.

Jetzt zeichnen alle eine Figur, mit verrücktem Haar,
mit Tattoos, Piercings, komischer oder auch eleganter
Kleidung, mit oder ohne Schuhe.
Wichtig: Auf den ersten Streifen kommen Kopf und Hals,
der Hals endet genau an der eingetragenen Linie. Auf den
zweiten Streifen kommt der Oberkörper. Auf den dritten
Streifen kommt der Bauch und der Anfang der Beine.
Auf den vierten Streifen kommen die Beine und Füße.

Alle Figuren an den Linien in vier Streifen schneiden
und alle Streifen sammeln: alle Köpfe, alle Oberkörper,
alle Bäuche, alle Beine und Füße.
Auf einem großen Karton die Streifen festmachen. Jetzt
könnt ihr blättern und viele Mix-Max-Figuren herstellen.

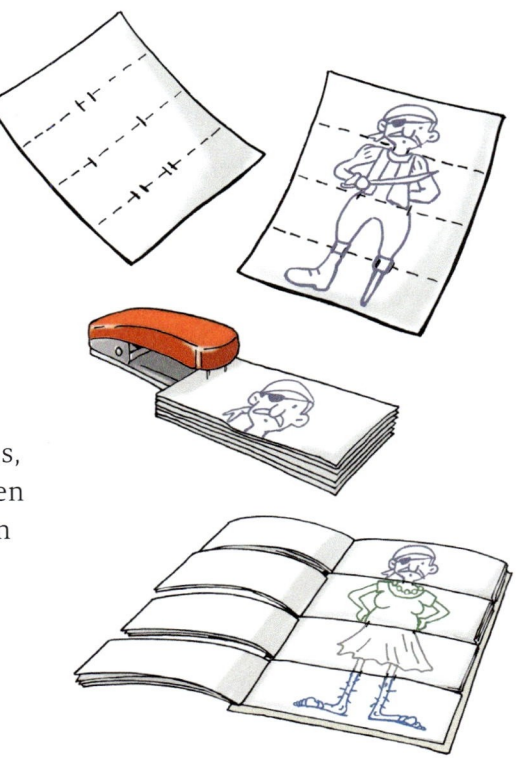

Sprecht über eure Figur.

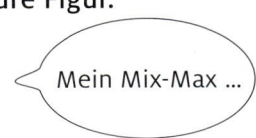

Mein Mix-Max …

3 Comino verstehen

Comino: ollaH sennaH. ollaH aluaP.
Paula: Comino? Bist du das?
            Ich habe ihn gar nicht erkannt.
Comino: sennaH, saw tgas aluaP?
Hannes: eiS tah hcid rag thcin tnnakre.
Comino: hcsimoK. hcI ehes hcod sua eiw remmi.
Paula: Was sagt er?
Hannes: Er findet das komisch.
            Er ??? ??? ??? ??? ??? .
Paula: Wie immer? Er hat heute rote Haare!
            Warum hat er heute rote Haare?
Hannes: onimoC, muraw tsah ud etueh etor eraaH?
Comino: hcA, eid netor eraaH! toR tsi edareg edoM.
Paula: Was hat Comino gesagt?
Hannes: Rot ??? ??? ??? .
Paula: Ach so! Hat er deshalb auch die roten
            Klamotten an? Frag ihn doch mal.

Hannes: tsaH ud blahsed hcua eid
            netor nettomalK na?
Comino: aJ ralk. nellafeG aluaP eid netor
            nehcaS dnu eid netor eraaH?
Hannes: Paula, gefallen ??? ??? ???
            ??? ??? ??? ??? ??? ?
Paula: Na ja. Die roten Haare gefallen
            mir nicht so gut.
Comino: saW tniem eis?
Hannes: eiD netor eraaH nellafeg
            rhi thcin os tug.
Comino: edahcS! nnaD ssum hci eniem
            eraaH redeiw sredna nehcam.
Hannes: Genau. Dann ??? ??? ???
            ??? ??? ??? ??? .

a   **Lies den Text. Verstehst du noch Cartoonisch?**

b   **Was sagt Hannes? Ergänze.**

Film
Modul 14

4 Schau den Film *Mode und Moden* zu Modul 14 an und lös die Aufgaben auf S. 81.

Kommunikation

Lebensmittel beschreiben und bewerten	Pommes sind fett. ▪ Salat ist gesund. ▪ Fast Food macht dick. ▪ Lebensmittel können fett, bitter, frisch, hart, weich, scharf, gesund, ungesund sein.
Mengen angeben	Circa/fast/mehr als ein Viertel/50 Prozent/die meisten/wenigsten von uns … meinen, dass … ▪ Fast Food/ … essen mehr als/ … sehr oft/ täglich/… ▪ Die meisten/wenigsten essen, was gesund ist/… ▪ … Prozent/… essen oft/nur …
Hilfe anbieten	Kann ich dir helfen? ▪ Komm, ich helfe dir. ▪ Brauchst du Hilfe?
Erlaubnis und Verbote aussprechen	Ich darf … ▪ Meine Eltern geben mir die Erlaubnis. ▪ Mein Vater erlaubt mir (nicht), dass … ▪ Meine Mutter ist dafür/dagegen, dass … ▪ Ich darf nicht/auf keinen Fall … ▪ Mein Vater verbietet es mir. ▪ Das ist (auf jeden Fall) verboten.
ein Gefühl ausdrücken	Ich freue mich, wenn/dass/weil … ▪ Ich ärgere mich, wenn/dass … ▪ Ich fühle mich gut/schlecht/ … ▪ Ich habe mich verliebt.

Grammatik

1 Verben mit Reflexivpronomen

ich	freue **mich**	wir	freuen **uns**
du	freust **dich**	ihr	freut **euch**
er/es/sie	freut **sich**	sie/Sie	freuen **sich**

2 Nomen

Genitiv			
Wie findest du das Tattoo/Piercing …	des Musikers?	des Mannes?	**!** des Jungen?
	des Paares?	der Frau?	der Freunde

unbestimmter Artikel im Dativ					
Das kann man bei …	einem Kurs …	einem Konzert …	einer Party …	Freunden …	tragen, machen, hören …

3 Adjektiv + Nomen: Nominativ und Akkusativ bei unbestimmtem Artikel

Nominativ	Hier ist …	ein blauer Rock.	ein buntes Tuch.	eine gelbe Jacke.
	Hier sind …	rote Ohrringe.		
Akkusativ	Ich habe …	einen kleinen Schlüssel.	ein altes Rätselheft.	eine schwarze Sonnenbrille.	gelbe Handschuhe.

Schau die Bilder an.
Worum geht es? Sprich darüber.

Geschichte: Ronja, Enno und die Ausstellung

Gestern – Heute – Morgen

Das lernst du:

- Interesse/Desinteresse ausdrücken
- nachfragen
- Berufswünsche äußern und begründen
- in zeitlicher Abfolge berichten
- über eine Statistik sprechen

- Verkehr und Verkehrsmittel
- Berufe

- Jahreszahlen
- rund um den Computer

- Präposition *aus* + (Dativ) Materialien
- indirekte Frage
- Wortbildung: maskuline/feminine Form bei Berufen
- *werden* als Vollverb
- Präteritum der Modalverben
- Zeitangaben mit Dativ

GESTERN-HEUTE-MORGEN – wie unsere Welt sich verändert.

1 Wie findest du die Ausstellung?

2/02 **a** Hör zu und schau das Bild an.

2/02 **b** Hör noch einmal zu. Beantworte die Fragen.

1. Worum geht es in der Ausstellung?
2. Wie finden Ronja und Enno die Ausstellung?
3. Bei welchem Thema hat Enno mitgemacht? Und Ronja? Und warum?
→ AB 1-2 4. Welche anderen Themen kommen noch in der Ausstellung vor?

> Und du bist **Dabei!**

TIPP
Konzentriere dich beim ersten Hören auf die Sprecher und das Thema des Textes.

2 Und jetzt du!

Beantworte die Fragen.

1. Interessierst du dich für Technik?
   Für welche anderen Themen interessierst du dich?

> Ich interessiere mich für …

2. Was interessiert dich mehr, die Vergangenheit (gestern), die Gegenwart (heute) oder die Zukunft (morgen)?

> Die Vergangenheit interessiert mich sehr/ nicht so sehr/gar nicht/mehr als die …

> Ich finde die Zukunft interessant/ interessanter als die …

→ AB 1-2

Interesse/Desinteresse ausdrücken
Ich interessiere mich (nicht) für …
Interessierst du dich für …?
Was interessiert dich mehr? … oder …?
Die Zukunft/… interessiert mich nicht/sehr/mehr als …
Ich finde … nicht/sehr interessant.

3 Das Quiz

- ◆ Sag mal, da kann man doch bei einem Quiz ??? (1).
- ▲ Ja. Du musst aber vorher ein ??? (2) ausfüllen.
- ◆ Aha. Und wie geht dann das ??? (3)?
- ▲ Bei jedem Thema steht eine Quizfrage. Die Lösung ist eine ??? (4). Und diese Zahl musst du ??? (5).
- ◆ Und dann?
- ▲ Wenn du die richtigen ??? (6) hast, und wenn du dann noch ein wenig Glück hast, gewinnst du etwas. Und jetzt müssen wir das Formular ??? (7).

Quiz-Formular

Gestern – Heute – Morgen

Name: ??? Klasse: ???

Adresse:

Wohnort mit Postleitzahl: ???

Straße und Hausnummer: ???

Die Quizfragen:

A ???   D ???

B ???   E ???

C ???   F ???

a Lies den Dialog und ergänze diese Wörter:

eintragen ▪ ausfüllen ▪ mitmachen ▪ Formular ▪ Quiz ▪ Lösungen ▪ Zahl

2/03 **b** Hör den ganzen Dialog zur Kontrolle.

c Schreib das Quiz-Formular in dein Heft und fülle es mit deinen Daten
→ AB 3-4 aus. Du kannst dann auch die Lösungen der Quizfragen eintragen.

Und du bist **Dabei!**

4 Rundgang – Station A: Verkehr und Verkehrsmittel

STATION A: VERKEHR UND VERKEHRSMITTEL

Verkehr
Polizeiwagen
Schild/Stoppschild
Autobahn
Baustelle
Polizei
Reifen

Verkehrsmittel
Lastwagen (Lkw)
Motorrad
Taxi
Straßenbahn

TIPP
Sprich neue Wörter laut und stell dir das Bild dazu vor.

a Schau das Bild an. Ordne die Wörter zu. Was ist das Lösungswort?

B	Autobahn	T	Taxi	U	Polizeiwagen
S	Motorrad	L	Stoppschild	E	Baustelle
L	Lastwagen (Lkw)	E	Pferde-Straßenbahn	A	Reifen

2/04 **b** Hör zu und antworte.

c Schau noch einmal das Bild an und lies die Wörter.

d Quizfrage A: Welches Verkehrsmittel auf dem Plakat gibt es nicht mehr? Nummer ???

→ AB 5

5 Rundgang – Station B: Fluggeräte, Flugzeuge

STATION B: FLUGGERÄTE, FLUGZEUGE

U Doppeldecker sehen komisch aus, sind aber recht sicher.

F Der Zeppelin steigt senkrecht auf und fliegt dann mit dem Motor vorwärts.

G Die ersten Fluggeräte waren aus Holz und Stoff. Das Fliegen war gefährlich.

L Passagierflugzeuge haben Platz für ca. 200 bis 550 Fluggäste.

a Ordne die Texte den Bildern zu. Was ist das Lösungswort?

b Lies die Texte. Was ist richtig: a, b, oder c?

1. Doppeldecker sind
   a gefährlich.
   b groß.
   c sicher.

2. Normale Flugzeuge haben Platz
   a für viele Passagiere.
   b für wenige Fluggäste.
   c für einen Motor.

3. Die ersten Fluggeräte waren
   a nicht gefährlich.
   b aus Stoff und Holz.
   c recht sicher.

4. Ein Zeppelin fliegt mit dem Motor
   a nur senkrecht.
   b vorwärts.
   c nie vorwärts.

> **Präpositionen mit Dativ und Akkusativ**
> **WIEDERHOLEN**
> *mit* + **Dativ**
> mit dem Motor
> *für* + **Akkusativ**
> für 200 Gäste
>
> **ERWEITERN**
> *aus* + **(Dativ) Materialien**
> aus Holz, Metall …

c Wie sehen die Flugzeuge der Zukunft aus? Sprecht in der Klasse darüber.

d Quizfrage B: Was ist das älteste Fluggerät auf dem Plakat? Nummer ???

→ AB 6

6 Rundgang – Station C: Telekommunikation

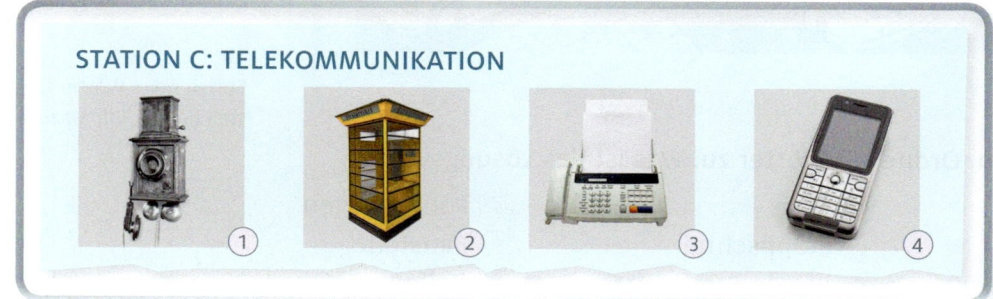

STATION C: TELEKOMMUNIKATION

a Schau die Bilder an. Welche Apparate kennst du?

2/05-08 **b** Hör die Szenen A–D und ordne sie den Bildern zu.

c Wie telefonierst du? Wie telefoniert man in der Zukunft?

d Quizfrage C: Mit welchem Apparat bekommt man keinen direkten Anschluss? Nummer ???

→ AB 7

Lösung B: 4, Lösung C: 1

STATION D: AUTOMOBILE

Carl Benz hat 1886 seinen Motorwagen vorgestellt. Das erste Auto hat aus Fahrradteilen bestanden.

1913 hat Henry Ford sein „Modell T" gebaut. Schon bald hat Ford seine Autos in einer Fabrik hergestellt.

Mit der Zeit haben immer mehr Leute ein Auto gekauft. Besonders beliebt war der VW Käfer. Er war 1972 das beliebteste Auto der Welt.

Elektroautos machen die Luft nicht schmutzig. Denn sie fahren elektrisch, ohne Benzin.

Das Auto der Zukunft braucht keinen Fahrer. Wenn es das Ziel weiß, fährt es selbstständig durch den Straßenverkehr.

Das moderne Flugauto kann schnell fahren, aber auch weit fliegen. Es startet senkrecht und braucht deshalb wenig Platz.

---

a Schau die Bilder an und lies die Texte. Lies nun die kleinen Dialoge. Welche Bilder sehen sich Enno und Ronja gerade an? Ordne zu.

Also, Ronja. Wir machen einen Test. Ich frage und du musst antworten.

A. ◆ Wie startet ein Flugauto?
   ▲ Was hast du gesagt?
   ◆ Weißt du, wie ein Flugauto startet?

C. ◆ Welches Auto war 1972 am beliebtesten?
   ▲ Entschuldigung, wie bitte?
   ◆ Weißt du, welches Auto 1972 am beliebtesten war?

B. ◆ Wann hat Ford sein „Modell T" hergestellt?
   ▲ Was meinst du?
   ◆ Weißt du, wann Ford sein „Modell T" hergestellt hat?

D. ◆ Wie viele Räder hatte das erste Auto?
   ▲ Wie bitte?
   ◆ Weißt du, wie viele Räder das erste Auto hatte?

2/09-12 **b** Ergänze die Antworten. Hör dann die Dialoge zur Kontrolle.

2/13-15 **c** Mach weitere Dialoge mit deiner Partnerin / deinem Partner wie in a. Hör sie dann zur Kontrolle.
Achtung! Die Nachfrage muss nicht gleich sein!

A. Warum ist das Elektroauto sauber?
B. Was kann das Auto der Zukunft?
C. Wann hat Carl Benz seinen Motorwagen vorgestellt?

d Quizfrage D: Wer hat die erste Autofabrik gebaut? Nummer ???

→ AB 8-10

indirekte Frage
Wie startet ein Flugauto? →
Weißt du, wie ein Flugauto startet?

Was kann das Auto der Zukunft? →
Weißt du, was das Auto der Zukunft kann?

nachfragen
(Entschuldigung,) Wie bitte?
Was meinst du?
Was hast du gesagt?

1 Rundgang – Station E: Berufe

STATION E: BERUFE

1 Bäcker
2 Journalist
3 Koch
4 Krankenpfleger
5 Verkäufer
6 Friseur
7 Wagner
8 Rennfahrer
9 Bankkaufmann
10 Pilot
11 Polizist
12 Fahrradmechaniker
13 Model

2/16-21 **a** Hör die Szenen A–F und ordne sie den passenden Bildern zu.

b Wo findet man die Berufe? Ordne die Bilder zu. Zähl die Zahlen der Bilder zusammen. Die Summe ist 56.

A. Er arbeitet im Krankenhaus.
B. Er arbeitet in der Bäckerei.
C. Er regelt den Verkehr.
D. Er arbeitet in der Küche.
E. Er arbeitet im Flugzeug.
F. Er arbeitet im Geschäft.
G. Er arbeitet in der Bank.
H. Und wer arbeitet im Modehaus?

> **Berufe**
> Bäcker, Friseur
> Pilot, Bankkaufmann
> Krankenpfleger, Fahrer
> Verkäufer, Polizist
> Journalist, Koch
> Mechaniker
> **!** Model

c Welche Berufe gibt es wohl in der Zukunft? Sprecht in der Klasse darüber.

d Quizfrage E: Welchen Beruf gibt es nicht mehr? Nummer ???

→ AB 1

2 Pantomime-Spiel: Berufe raten

→ AB 1 So geht das Spiel: Schau im Magazin auf Seite 71 nach.

Was bin ich von Beruf?

Koch

3 Laute und Buchstaben: weiche und harte Konsonanten

2/22 **a** Hör zu, lies mit und sprich nach. Achte auf b – p, g – k, d – t.

<u>B</u>ank – <u>P</u>ilot ▪ <u>B</u>äcker – <u>P</u>olizist ▪ <u>B</u>irne – <u>P</u>izza
<u>G</u>eschäft – <u>K</u>och ▪ <u>g</u>ut – <u>K</u>üche ▪ <u>G</u>abel – <u>k</u>alt
<u>d</u>as <u>T</u>heater ▪ <u>d</u>er <u>T</u>echniker ▪ <u>d</u>ick – <u>T</u>icket

2/23 **b** Hör zu. Was ist falsch? 1, 2, 3, 4 oder 5?

→ AB 2

4 Spiel: „Schwarzer Peter"

a Schreibt Kartenpaare und macht dazu die Karte „Schwarzer Peter".

Koch · Köchin · Kranken-pfleger · Kranken-schwester · Bankkauf-mann · Bankkauf-frau

b So geht das Spiel: Schau im Magazin auf Seite 72 nach.

→ AB 3

5 Was möchtest du werden?

◆ Was möchtest du eigentlich
mal werden, Ronja?
Was ist dein Traumberuf?

▲ Ich singe gern. Deshalb möchte ich
Sängerin werden.

◆ Du wirst ja ganz rot. Deshalb musst du doch
nicht rot werden.

▲ Na ja, ich möchte mal werden wie Pinky Pink.
Das ist mein Vorbild.

◆ Aha. Wenn du meinst.

2/24 **a** Hör zu und lies mit.

b Macht noch einen Dialog. Wechselt diese Teile aus.

Enno Ich interessiere mich für die Raumfahrt. Astronaut
Captain Vega aus dem Fernsehen. Ein bisschen komisch ist das schon.

2/25 **c** Hör den Dialog zur Kontrolle.

→ AB 4

**Wortbildung: maskuline/
feminine Form bei Berufen**

Berufe maskulin
der Polizist
der Pilot
der Koch
der Bankkaufmann
der Krankenpfleger

Berufe feminin
die Polizistin
die Pilotin
die Köchin
die Bankkauffrau
die Krankenschwester

! das Model

***werden* als Vollverb**
ich   werde
du   wirst
er/es/sie wird
wir   werden
ihr   werdet
sie/Sie werden

werden + *Nomen*
→ Sängerin werden

werden + *Adjektiv*
→ rot werden

werden + wie …
→ wie Pinky Pink werden

6 Und jetzt du!

a Schreib Fragen für deine Partnerin / deinen Partner.

> Was möchtest du einmal …? Und warum?
> Was … Traumberuf?
> Was machst du …?
> Was interessiert …?
> Möchtest du einmal werden … eine bestimmte Person?

Berufswünsche äußern und begründen
Ich … gern.
Ich interessiere mich für …
Deshalb möchte ich … werden.
Ich möchte werden wie …
Ich habe ein/kein Vorbild.
Mein Traumberuf ist …

b Tauscht die Blätter und antwortet.

> Mein Traumberuf ist …

> Ich möchte werden wie …/ Ich habe kein Vorbild.

> Ich … gern. / Ich interessiere … für … Deshalb möchte ich … werden.

→ AB 4

7 Interview mit einem Handwerker aus dem 17. Jahrhundert

Interview mit einem Wagner

(von Ronja Hunold)

Reporterin: Meister Johann, Sie sind Wagner von Beruf.
Johann: Richtig. Schon seit 15 Jahren.
Reporterin: War „Wagner" schon immer Ihr Traumberuf?
Johann: Ehrlich gesagt, nein. Ich wollte immer Arzt werden. Aber das war nicht möglich.
Reporterin: Warum war das nicht möglich?
Johann: Für den Arzt-Beruf musste man studieren. Aber ich konnte keine höhere Schule besuchen.
Reporterin: Warum denn nicht?
Johann: Damals durften die Kinder von Handwerkern nicht auf eine höhere Schule gehen. Sie mussten den Beruf des Vaters machen.
Reporterin: Und wenn ein Sohn den Beruf des Vaters nicht machen wollte?
Johann: Tja, wir konnten nicht wählen. Was sollten wir machen?

Präteritum der Modalverben

ich	konnte/durfte musste/wollte/sollte
du	konntest/durftest/ musstest/wolltest/ solltest
er/ es/ sie	konnte/durfte musste/wollte/ sollte
wir	konnten/durften/ mussten/wollten/ sollten
ihr	konntet/durftet/ musstet/wolltet/ solltet
sie/ Sie	konnten/durften/ mussten/wollten/ sollten

2/26 **a** Hör zu und lies das Interview mit.

b Lies die Sätze 1–5. Wie steht es im Interview? Such die Sätze.

1. Mein Traumberuf war Arzt.
2. Eine höhere Schule war für mich nicht möglich.
3. Höhere Schulen waren für Handwerker-Kinder nicht erlaubt.
4. Der Beruf des Vaters war auch ihr Beruf.
5. Und wenn einem Sohn der Beruf des Vaters nicht gefallen hat?

c Schreib die Geschichte auf.

> Meister Johann ist Wagner. Das war nicht sein …
> Er … Arzt … Aber … Für den Arzt-Beruf … Aber Johann … keine höhere …,
> denn damals … Wenn ein … , … er nicht wählen.

→ AB 5-6

1 Rundgang – Station F: Computer, Roboter und Co.

STATION F: COMPUTER, ROBOTER UND CO.

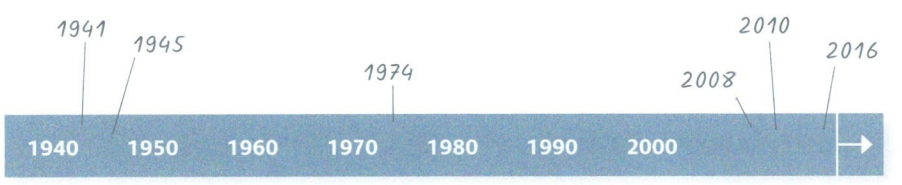

T Konrad Zuse baut 1941 die erste vollautomatische Rechenmaschine, also den ersten Computer.

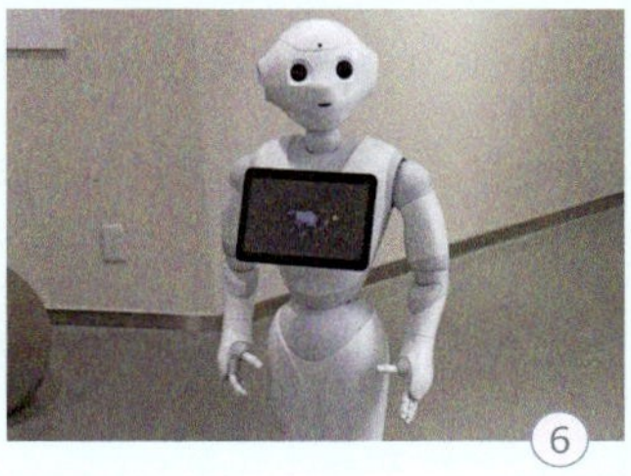

C H Die Computer werden immer kleiner. So gibt es seit 1974 den ersten Computer für zu Hause – den Personal Computer.

I 2008 kommt das erste Smartphone. Sofort benutzen es viele Leute.

N 2010 findet das erste Tablet gleich viele begeisterte Käufer.

E Der erste elektronische Rechner, der ENIAC, gebaut 1945, ist so groß wie ein Klassenzimmer.

K Am 24. Mai 2016 lernen die Leute den kleinen Roboter „Pepper" kennen. Er kann sich unterhalten, interessiert sich für Fußball und kann Witze erzählen.

a Ordne die Texte den Bildern zu. Was ist das Lösungswort?   *T ...*

b Wie sehen wohl die Computer und Roboter in der Zukunft aus? Sprecht in der Klasse darüber.

c Ordne die Computer und Roboter in die Zeitleiste ein.

Jahreszahlen
1941 → neunzehnhundert-einundvierzig
2008 → zweitausendacht

1941   1945   1974   2008   2010   2016

1940   1950   1960   1970   1980   1990   2000

Neunzehnhunderteinundvierzig – die erste vollautomatische Rechenmaschine entstanden

Zweitausendacht – ...

d Quizfrage F: Was ist ein PC? Nummer ???

→ AB 1

2 Die Geschichte des Computers

a Lies noch einmal die Texte in **1**.
Lies die Sätze. Welche Jahreszahl ist richtig: a, b oder c?

1. Im Jahr [a] 1945 [b] 2008 [c] 2016
   ist der erste elektronische Computer entstanden.
2. Seit dem Jahr [a] 1945 [b] 1941 [c] 1974 gibt es PCs.
3. Ab dem Jahr [a] 2008 [b] 2010 [c] 2016
   telefonieren viele Leute mit dem Smartphone.
4. Seit [a] 2008 [b] 2010 [c] 2016 gibt es Tablets.
5. Die Leute haben [a] 1974 [b] 2008 [c] 2016
   den Roboter „Pepper" kennengelernt.

> **in zeitlicher Abfolge berichten**
> Seit ... gibt es ...
> Ab ... haben Computer ...
> (Im Jahr) 1945 ist ... entstanden.

> **Zeitangaben mit Dativ**
> seit | dem Jahr ...
> ab

b Schreib die richtigen Sätze in dein Heft.

→ AB 2

3 Würfelspiel

a Schreibt Fragen zu den Texten in **1** auf Karten.

> Seit wann ...?

> Ab wann ...?

> Wann ...?

> In welchem Jahr ...?

> Wie heißt ...?

b So geht das Spiel: Schau im Magazin auf Seite 68 nach.

→ AB 2

4 Opa hat ein Problem

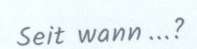

2/27 **a** Opa ruft Ronja an. Hör zu, was Ronja sagt.

2/27 **b** Lies Opas Antworten. Hör noch einmal zu. Bring Opas Antworten
in die richtige Reihenfolge.

[a] Ich kann die Datei des Tennisklubs nicht öffnen.
[b] Ach, Ronja. Ich habe ein Problem. Ich bin so aufgeregt.
[c] Ja, du hast mir den Link geschickt. Aber ich brauche
doch ein Passwort.
[d] Ich wollte den aktuellen Terminplan des Tennisklubs
herunterladen.
[e] Ja schon, aber ich weiß mein Passwort nicht mehr.

> **rund um den Computer**
> Link
> Drucker
> Passwort
> Taste
> Datei
>
> drücken
> drucken
> herunterladen

2/28 **c** Ronja ruft Opa an. Hör weiter zu, was Ronja sagt.

2/28 **d** Lies Opas Antworten. Hör noch einmal zu. Bring Opas Antworten in die richtige Reihenfolge.

[a] Gut. Ich drücke die Enter-Taste. Es klappt.
[b] Ja, ja, der Drucker geht. Er druckt schon.
[c] Warte mal. „A-l-e-x-a-n-d-r-a".
[d] Alles klar. Und danke, Ronja.

[e] Ja, ich habe mein Passwort vergessen.
[f] Alexandra? Alexandra, ja vielleicht.
[g] Ich weiß nicht. Du warst plötzlich weg.

2/29 **e** Hör das ganze Telefongespräch zur Kontrolle.

→ AB 3

5 Jugendliche und Computer

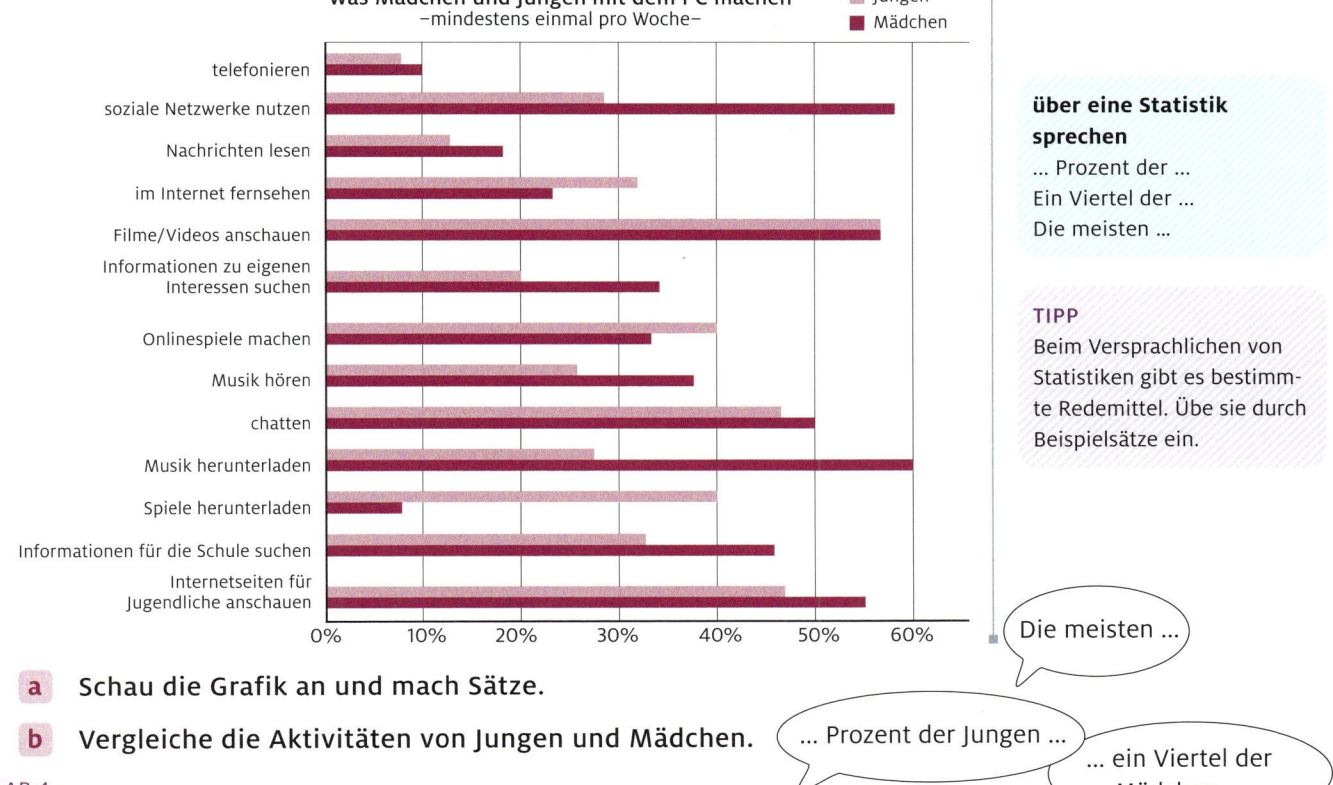

Was Mädchen und Jungen mit dem PC machen
–mindestens einmal pro Woche–

Jungen / Mädchen

- telefonieren
- soziale Netzwerke nutzen
- Nachrichten lesen
- im Internet fernsehen
- Filme/Videos anschauen
- Informationen zu eigenen Interessen suchen
- Onlinespiele machen
- Musik hören
- chatten
- Musik herunterladen
- Spiele herunterladen
- Informationen für die Schule suchen
- Internetseiten für Jugendliche anschauen

0% 10% 20% 30% 40% 50% 60%

über eine Statistik sprechen
... Prozent der ...
Ein Viertel der ...
Die meisten ...

TIPP
Beim Versprachlichen von Statistiken gibt es bestimmte Redemittel. Übe sie durch Beispielsätze ein.

Die meisten ...

a Schau die Grafik an und mach Sätze.

b Vergleiche die Aktivitäten von Jungen und Mädchen.

... Prozent der Jungen ...

... ein Viertel der Mädchen ...

→ AB 4

6 Und jetzt du!

a Schreib Fragen für deine Partnerin / deinen Partner.

b Tauscht die Blätter und antwortet.

→ AB 4

> Was machst du meistens am PC?
> Was machst du lieber, Onlinespiele oder ...?
> Was lädst du oft herunter?
> Wie oft suchst du Infos für die Schule?

7 Am letzten Tag der Ausstellung

2/30 **a** Hör zu und schau das Bild an. Worum geht es?

2/30 **b** Hör noch einmal zu. Was ist richtig: a, b oder c?

1. Was kontrolliert der Direktor zuerst?
   - a die Lösung
   - b den Namen
   - c die Schule

2. Wer gewinnt einen Preis?
   - a Ronja
   - b Enno
   - c der Direktor

3. Was ist der Preis?
   - a eine Karte für die U-Bahn
   - b eine Karte für München
   - c eine Jahreskarte für das Deutsche Museum

4. Was schenkt Ronja Enno zum Geburtstag?
   - a ein altes Auto
   - b eine Karte fürs Deutsche Museum
   - c eine Geburtstagsparty

→ AB 5

1 Lesen: Aus der Jugendzeitschrift „Bravissimo"

Hallo, ich bin Laura. Und das ist meine Geschichte:

1 In unserer Computer-AG an der Schule haben wir einen E-Mail-Kontakt mit einer Schule in Österreich angefangen. So wie andere Klassen Brieffreundschaften mit Partnerklassen im Ausland haben, haben wir eine E-Mail-Freundschaft. Dabei habe ich mit einem ganz netten Jungen gechattet.

2 Nach einem halben Jahr E-Mail-Freundschaft hat uns die Klasse geschrieben, dass sie eine Klassenfahrt nach Berlin machen und uns an einem Tag besuchen wollte. Schließlich wohnen wir in Prenzlau. Das ist nicht so weit von Berlin.

3 Jeder von uns sollte sich um seinen Chat-Partner kümmern. Mein Chat-Partner war natürlich auch dabei. Ich war schon vor unserem Treffen ganz aufgeregt, weil er im Chat so lustig war.

4 Als ich ihn dann zum ersten Mal gesehen habe, konnte ich es kaum glauben, dass er es wirklich ist. Er hat nicht besonders gut ausgesehen, das war aber nicht so schlimm.
Viel schlimmer war: Er konnte mir einfach nicht in die Augen schauen. Er hat gestottert und konnte keinen ganzen Satz sagen.

5 Ich hatte keine Ahnung, wie wir zwei Stunden zusammen verbringen sollten. Darum habe ich vorgeschlagen, dass ich ihm den Computerraum in der Schule zeige und dass wir ein wenig chatten. Und da hat er zum ersten Mal gelacht.

6 Kaum waren wir am Computer, da war er wieder der Alte. Wir haben fast zwei Stunden nebeneinander gesessen und haben uns online unterhalten. Aber wenn ich ihn einmal angesprochen habe, dann hat er richtig Angst bekommen.

a Lies den Text. Welche Überschrift passt?

a Chatten oder reden?   b Ein lustiger Besuch

b Lies den Text noch einmal. Ordne die Titel den Textabschnitten 1–6 zu.

A Ein Besuch aus Österreich   D Ein komischer Typ
B Eine E-Mail-Freundschaft   E Der Nachmittag wird schwierig.
C Online geht es leichter.   F Der Chat-Partner kommt.

c Lies die Aussagen. Was ist richtig? Was ist falsch?

1. Laura besucht einen Computer-Workshop im Internet.
2. Die Prenzlauer Klasse bekommt Besuch aus Österreich.
3. Laura hat mit einem netten Mädchen gechattet.
4. Laura war aufgeregt, weil der Chat-Partner so lustig geschrieben hat.
5. Der Junge war sehr hübsch. Er konnte nicht frei sprechen.
6. Laura hat dem Jungen den Computerraum gezeigt.
7. Die beiden waren zusammen im Computerraum und haben sich über das Internet unterhalten.

2 Projekt: Roboter-Collage

Arbeitet in kleinen Gruppen. Schneidet aus
Zeitungen, Zeitschriften und Katalogen
Bilder von Elektrogeräten (Kühlschrank,
Herd, usw.) und elektronischen Geräten
(Computer, Handys, usw.) aus. Baut daraus
einen Roboter und klebt den Roboter
auf ein Plakat. Schreibt auch dazu,
was euer Roboter kann.

Er kann mein Zimmer aufräumen.

Er kann ...

Er kann mit dem Hund spazieren gehen.

Er kann mein Fahrrad reparieren.

3 Lied: Mein altes Handy

1 Gestern habe ich es wieder
im Internet gehört.
Mein altes, doofes Handy ist
überhaupt nichts wert.
Ich kann schon telefonieren,
aber ich bin nicht „in",
weil ich mit dem alten Handy
total altmodisch bin.
Ein Smartphone von Sasuno,
das ist der letzte Schrei.
Egal, was es auch kostet:
Alle sind dabei.

2 Wie kann ich bei meinen Freunden
ein wenig Eindruck machen?
Ich brauche einfach lauter
moderne, neue Sachen.
Früher war's mir wichtig,
dass ich anders bin als du.
Ich weiß jetzt, ich muss gleich sein,
sonst gehör' ich nicht dazu.

2/31 **a** Hör zu und lies mit.

b Mach weitere Strophen mit anderen Sachen und anderen Tätigkeiten.

Handy	Ich kann Nachrichten senden	Smartphone
Computer	Ich kann schon ganz gut chatten	Laptop
Tablet	Ich kann schon ganz gut surfen	Tablet

c Bist du anderer Meinung? Dann kannst du Strophe 2 verändern.

Muss ich bei ... wirklich Eindruck machen?
Brauche ich tatsächlich ...?
Eigentlich ist's mir wichtig, dass ...
Ich möchte gar nicht ...
Lieber gehör' ich ...

2/32 **d** Karaoke: Sing die Strophen zum Playback.

Kommunikation

Interesse/Desinteresse ausdrücken	Ich interessiere mich (nicht) für … ▪ Interessierst du dich für …? ▪ Was interessiert dich mehr? … oder …? ▪ Die Zukunft/ … interessiert mich nicht/sehr/mehr als … ▪ Ich finde … nicht/sehr interessant.
nachfragen	(Entschuldigung,) Wie bitte? ▪ Was meinst du? ▪ Was hast du gesagt?
Berufswünsche äußern und begründen	Ich … gern. ▪ Ich interessiere mich für … ▪ Deshalb möchte ich … werden. ▪ Ich möchte werden wie … ▪ Ich habe ein/kein Vorbild. ▪ Mein Traumberuf ist …
in zeitlicher Abfolge berichten	Seit … gibt es … ▪ Ab … haben Computer … ▪ (Im Jahr) 1945 ist … entstanden.
über eine Statistik sprechen	… Prozent der … ▪ Ein Viertel der … ▪ Die meisten …

Grammatik

1 Verb

werden *als Vollverb*

ich	**werde**	wir	**werden**	werden + *Nomen*	→	Sängerin werden
du	**wirst**	ihr	**werdet**	werden + *Adjektiv*	→	rot werden
er/es/sie	**wird**	sie/Sie	**werden**	werden + *wie*	→	wie Pinky Pink werden

Präteritum der Modalverben

	können	dürfen	müssen	wollen	sollen
ich	kon**nte**	dur**fte**	mus**ste**	wol**lte**	sol**lte**
du	kon**ntest**	dur**ftest**	mus**stest**	wol**ltest**	sol**ltest**
er/es/sie	kon**nte**	dur**fte**	mus**ste**	wol**lte**	sol**lte**
wir	kon**nten**	dur**ften**	mus**sten**	wol**lten**	sol**lten**
ihr	kon**ntet**	dur**ftet**	mus**stet**	wol**ltet**	sol**ltet**
sie/Sie	kon**nten**	dur**ften**	mus**sten**	wol**lten**	sol**lten**

2 Präpositionen

aus + (*Dativ*) Materialien

aus	Holz, Metall …

Zeitangaben mit Dativ

seit ab	dem Jahr …

3 indirekte Frage

Hauptsatz: direkte Frage

Wie startet ein Flugauto ?

Nebensatz: indirekte Frage

Weißt du,
wie ein Flugauto startet?

4 Wortbildung: maskuline/ feminine Form bei Berufen

Berufe maskulin	*Berufe feminin*
der Polizist	die Polizistin
der Pilot	die Pilotin
der Koch	die Köchin
der Kaufmann	die Kauffrau
der Kranken-pfleger	die Kranken-schwester

Schau die Bilder an.
Worum geht es? Sprich darüber.

Geschichte: Sofie und Hanna auf Klassenfahrt

Berlin! Berlin!

Das lernst du:

- Wünsche und Vorschläge äußern
- Unwissen äußern
- sich orientieren

- rund ums Reisen
- eine Reise planen
- im Hotel
- Tageszeiten und Wochentage
- Tagesablauf

- Konjunktiv II von *können, werden, haben*
- Passiv Präsens
- Positionsverben mit Dativ und Akkusativ
- Adjektiv + Nomen: Nominativ und Akkusativ bei Possessiv- und Negativartikel
- Zeitangaben mit Genitiv und Dativ
- Ortsangaben mit Dativ und Akkusativ
- Präteritum von *sagen* und *kommen*

1 Wohin wollen wir fahren?

2/33 **a** Hör zu und schau das obere Bild an. Wer spricht? Zeig mit.

2/33 **b** Hör noch einmal zu. Schau die Bilder A–I an.
Wer möchte was machen? Ordne zu.

c Lies die Sätze. Was ist richtig? Was ist falsch?

1. Die Klassenfahrt dauert von Montag bis Freitag.
2. Hanna würde gern an einen See fahren. Da könnte sie toll shoppen.
3. Sofie hätte gern Zeit für eine Ausstellung.
4. Alex und Linus würden gern im Museum schwimmen.
5. Linus sagt: Am See könnten wir wandern.
   Hättet ihr nicht Lust dazu?
6. Der Lehrer sagt: Noah, du hast noch gar nicht gesagt,
   was du gern machen würdest.
→ AB 1-4 7. Noah hätte einen Vorschlag.

2 Und jetzt du!

a Schreibt Wünsche und Vorschläge auf Zettel.

> *Ich würde gern / am liebsten ... Ich hätte gern Zeit für ...*
> *Wir könnten doch ... Hättet ihr Lust?*
> *Ich hätte einen Vorschlag. Wir könnten ... Ihr könntet ...*

b Sammelt alle Zettel ein. Ein Schüler liest einen Zettel vor.
→ AB 1-4 Die Klasse rät, wer ihn geschrieben hat.

Konjunktiv II von können, werden, haben

ich	könnte/würde/hätte
du	könntest/würdest/hättest
er/es/sie	könnte/würde/hätte
wir	könnten/würden/hätten
ihr	könntet/würdet/hättet
sie/Sie	könnten/würden/hätten

Konjunktiv II von können
werden + *Infinitiv*
Wir **könnten wandern**.
Was **würdet** ihr gern
machen?

Konjunktiv II von haben
Hättest du Zeit/Lust ...

Wünsche und Vorschläge äußern
Ich würde gern ...
Ich hätte gern Zeit für ...
Hättest du Lust?
Wir könnten doch ...
Ich hätte einen Vorschlag.
Ihr könntet dann ...

3 Reiseziele in Deutschland

U	(an) Nordsee
R	(auf) Insel Rügen
M	(in) Schwarzwald
H	(in) Alpen
A	(an) Bodensee
B	(an) Rhein
G	(nach) Berlin
8	(nach) ???

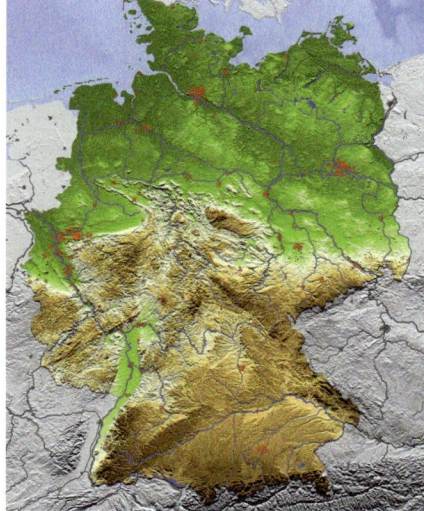

a Wie heißen die Orte 1–8? Ordne die Namen den Bildern zu.
Nummer **8** ist das Lösungswort.

b Was liegt im Norden? Im Süden? Im Westen? Im Osten? Frag deine Partnerin/deinen Partner.

→ AB 5

4 Wir diskutieren in der Klasse

Linus: Ich hätte eine Idee. Wir könnten doch an die Nordsee fahren.

Hanna: Was willst du denn an der Nordsee?

Linus: Na ja, schwimmen, wandern und so.

Alex: Oder wir fahren auf die Insel Rügen. Dazu hätte ich Lust.

Hanna: Und was machen wir auf der Insel?

Alex: Schwimmen, wandern, …

Linus: Ich hätte einen Vorschlag. Wir könnten ??? (1) Bodensee fahren, oder ??? (2) Alpen.

Hanna: ??? (3) Alpen kann man wandern. Und was noch?

Alex: ??? (4) Bodensee kann man schwimmen, wandern, Schiff fahren …

Noah: Immer nur Natur! Würdet ihr nicht gern mal ??? (5) Berlin fahren, oder ??? (6) Hamburg?

Hanna: ??? (7) Berlin oder ??? (8) Hamburg kann man nämlich toll shoppen gehen.

Sofie: Oder ??? (9) Theater, ??? (10) Museum und …

Lehrer: Außerdem gibt es ??? (11) Berlin zum Beispiel Seen, zwei Flüsse und Wälder. ??? (12) Berlin gibt es für alle etwas, Natur und Kultur. Und Berlin ist unsere Hauptstadt.

Noah: Also ich bin für Berlin. Wer noch?

Alle: Ich, ich, ich!

Noah: Also, auf ??? (13) Berlin!

WIEDERHOLEN
Ortsangaben

mit Dativ
Wir sind …
am Bodensee
auf der Insel
in den Alpen

Dativ → Wo?

mit Akkusativ
Wir fahren …
an den Bodensee
auf die Insel
in die Alpen

Akkusativ → Wohin?

bei Städten und Ländern
Wo? → in Berlin
Wohin? → nach Berlin

Und du bist **Dabei!**

2/34 **Lies den Dialog und ergänze. Hör dann den Dialog zur Kontrolle.**

→ AB 6

Lösung : HAMBURG

5 Spiel: Dalli-Dalli

Wir könnten an die … fahren.

An der … kann man …

→ AB 6   **So geht das Spiel:** Schau im Magazin auf Seite 73 nach.

6 Laute und Buchstaben: Doppelvokal

2/35   **a**   **Hör zu und lies mit.**

See ▪ Idee ▪ Schnee ▪ Kaffee ▪ Meer ▪ Zoo ▪ Paar

2/36   **b**   **Lies laut. Dann hör zu. Richtig? Wiederhole.**

Möchtest du Tee oder Kaffee? ▪ Tee bitte, mit ein paar Löffeln Zucker. ▪

→ AB 7   Fahrt ihr heute an den See? ▪ Nein, wir gehen in den Zoo.

> **So sprichst du den Doppelvokal richtig:**
> Den Doppelvokal aa, ee, oo sprichst du lang.

7 Was müssen wir vorbereiten?

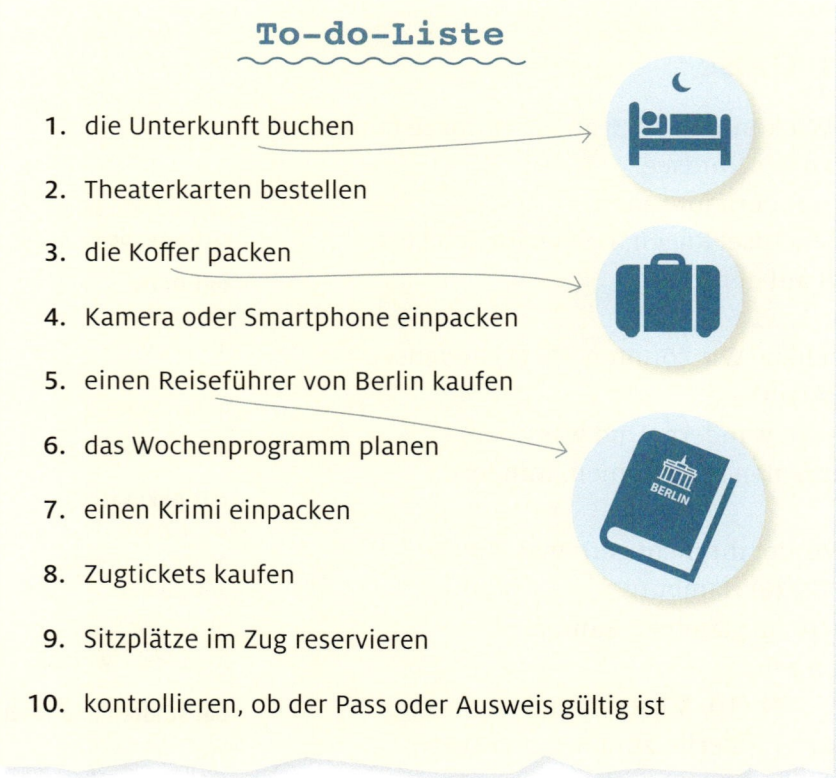

To-do-Liste

1. die Unterkunft buchen
2. Theaterkarten bestellen
3. die Koffer packen
4. Kamera oder Smartphone einpacken
5. einen Reiseführer von Berlin kaufen
6. das Wochenprogramm planen
7. einen Krimi einpacken
8. Zugtickets kaufen
9. Sitzplätze im Zug reservieren
10. kontrollieren, ob der Pass oder Ausweis gültig ist

rund ums Reisen
Koffer
Pass/Ausweis
Reiseführer
Unterkunft

buchen
reservieren

eine Reise planen
eine Unterkunft buchen
ein (Zug)ticket kaufen
einen Sitzplatz reservieren
den Pass kontrollieren

> **TIPP**
> Schreib zu neuem Wortschatz einen Beispielsatz auf. Dann kannst du dir die Wörter besser merken.
>
> *Der Lehrer bucht die Unterkunft.*

2/37   **a**   **Was muss der Lehrer vorbereiten? Schreib die Zahlen auf.**
       Hör die Liste zur Kontrolle.

2/38   **b**   **Was müssen die Schüler zu Hause vorbereiten?**

→ AB 8   **Schreib die Zahlen auf. Hör die Liste zur Kontrolle.**

8 Nach Berlin und in Berlin

a Lies die Anzeigen A, B und C. Für welches Verkehrsmittel entscheidet sich die Klasse wohl?
Was meinst du? Und warum?

Preis ▪ Fahrt-/Flugzeit ▪ fahren in Berlin

Bahn-Reisen

Besonders günstig reisen
Gruppen ab 6 Personen
für 19 €/pro Pers.
in ganz D inkl. Sitzplatz

Fahrtzeit Stuttgart – Berlin
5 Stunden

(A)

Flug Stuttgart-Berlin

Hin-und-Rückflug 125 €.
Flugzeit Stuttgart – Berlin
1 Stunde 15 Min.

(B)

Omnibus für eine Woche
Der Bus steht vom ersten Tag ab
Heimatort bis zum Fahrtende am
letzten Tag immer zur Verfügung.
Stuttgart – Berlin
5 Tage 2 200 €

(C)

b Lies die Anzeigen D, E und F. Für welche Unterkunft entscheidet sich die Klasse wohl?
Was meinst du? Und warum?

Preis ▪ zentrale Lage/Zentrum ▪ Zimmergröße ▪ Essen

JUGENDHERBERGE BERLIN OST

zentrale Lage, 4–6-Bett-Zi.
Frühstück und Abendessen
inklusive; 4 Nächte / p.P. 190,40 €

(D)

**Jugendgästehaus
„Berlin ist hip"**
Nähe Museumsinsel
max. 6-Bett- Zi.
inkl. Frühstücksbüffet;
4 Nächte/p.P. 142,80 €

(E)

**Jugendhotel Inter
Berlin-Mitte**
Einzel- und Doppelzi.
mit Frühstück;
4 Nächte / p.P 180,20 €
Abendessen ab
9 € möglich

(F)

→ AB 9

9 Die Planung ist beendet

2/39 **a** Hör zu. In welcher Reihenfolge werden die Punkte angesprochen?

Verkehrsmittel ▪ Unterkunft ▪ Anreise ▪ Wochenprogramm

b Lies noch einmal die Anzeigen in 8.
Wofür entscheidet sich die Klasse wohl?

2/39 **c** Hör noch einmal zu. Ergänze dann die Sätze.
Verwende diese Wörter:

reserviert ▪ abgeholt ▪ gewählt ▪ gekauft ▪ benutzt

In Berlin werden öffentliche Verkehrsmittel **???** (1).
Wir werden an der Schule um 8 Uhr **???** (2) und zum Bahnhof gebracht.
Das Jugendhotel wird gebucht.
Die Zugtickets werden **???** (3).
Ihr werdet in Berlin in Gruppen eingeteilt.
Ein Gruppenleiter wird **???** (4).
Die Plätze im Zug werden **???** (5).
Das Wochenprogramm wird bald besprochen.

2/40 **Hör dann die Sätze zur Kontrolle.**

→ AB 10-11

Passiv Präsens		
ich	werde	
du	wirst	
er/es/sie	wird	abgeholt
wir	werden	
ihr	werdet	
sie/Sie	werden	

= werden + *Partizip Perfekt*

1 Angekommen

im Hotel
Aufzug
Doppelzimmer
Einzelzimmer
Cafeteria
Rezeption

a Lies die E-Mails 1 und 2 und zeig auf den Bildern A und B mit.

1

Von: **???**   An: Mama und Paps   Betreff: Unser Jugendhotel

Hallo Mama, hi Paps,
jetzt sind wir in Berlin angekommen. Das Hotel, genauer gesagt Jugendhotel, ist sehr
hübsch, mit einem kleinen Park außen herum. Es gibt eine Cafeteria und – zum Glück –
einen Aufzug. Das ist bequem. Unser Zimmer ist nämlich im dritten Stock. Und das Gepäck
bis in den dritten Stock tragen! Na ja, ich habe nur eine Reisetasche. Aber besser so.
Es gibt nur Einzel- und Doppelzimmer. Wir haben genug Platz.
So, jetzt muss ich meine Tasche auspacken.
LG aus Berlin

2

Von: **???**   An: Mama und Papa   Betreff: Unser Hotel ist super!

Liebe Mama, lieber Papa,
vor einer halben Stunde sind wir in unserem Hotel angekommen. Die Leute an der Rezeption
waren wirklich nett. Jetzt sind wir schon in unserem Zimmer. Es ist auch nett. Ich hoffe,
wir haben genug Platz. Jede hat einen eigenen Schrank, aber ich habe in meinem Koffer auch
ziemlich viel mitgebracht. Auf jeden Fall muss ich diese Woche keine Wäsche waschen.
Das könnte man nämlich hier. Im Keller gibt es eine Waschmaschine. Man kann die nasse Wäsche
aufhängen und, wenn sie trocken ist, wieder holen. Das brauche ich hoffentlich nicht.
Bis bald.

b Lies noch einmal genau. Schau das Bild B an. Wer schreibt welche Nachricht? Hanna oder Sofie?

→ AB 1

2 Im Zimmer

1. ◆ Sag mal, wo ist denn mein Koffer?
   ▼ Das weiß ich doch nicht. Du hast ihn unter den Tisch gelegt.
   ◆ Er liegt aber nicht unter dem Tisch.
2. ◆ Weißt du, wo meine blauen Schuhe sind?
   ▼ Keine Ahnung! Ich glaube, du hast sie in die Ecke gestellt.
   ◆ Jetzt stehen sie aber nicht mehr in der Ecke.
3. ◆ Mein kleiner Teddybär von Kai ist weg.
   ▼ Du und dein Teddy! Du hast ihn auf das Bett gesetzt.
   ◆ Er sitzt aber nicht auf dem Bett.
   ▼ Dann weiß ich es auch nicht.

2/41-43 **a** Hör zu, lies mit und zeig auf Bild B in 1 mit.

b Mach weitere Dialoge. Entscheide: Dialog 1, 2 oder 3.

setzen/sitzen
stellen/stehen
legen/liegen

mein süßer Papagei von Jan ▪ ans/am Fenster
mein neues Tablet ▪ in … / im Schrank
meine rote Tasche ▪ neben … / neben … Stuhl

2/44-46 **c** Hör die Dialoge zur Kontrolle.

d Schau noch einmal Bild B in 1 an. Wo sind die Sachen wirklich?

→ AB 2-5

3 Spiel: Quartett

a Macht Quartett-Karten mit den gleichen Gegenständen, aber in verschiedenen Farben, z.B. grau, schwarz, braun, … Immer vier Karten gehören zusammen.

 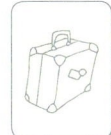  

Macht auch Karten mit: Tablet ▪ Tasche ▪ Schuhe

b So geht das Spiel. Schau im Magazin auf Seite 74 nach.

→ AB 4-5

Hast du einen schwarzen Koffer?

Nein, ich habe keinen schwarzen Koffer.

4 Laute und Buchstaben: tz

2/47 **a** Hör zu, lies mit und sprich nach.

jetzt ▪ setzen ▪ sitzen ▪ Mütze ▪ Katze ▪ Satz ▪ schmutzig

2/48 **b** Lies laut. Dann hör zu. Richtig? Wiederhole.

Vorsicht, der Platz ist besetzt. ▪ Da sitzt doch niemand. ▪
→ AB 6 Doch, die Katze. ▪ Wie witzig!

Positionsverben

mit Dativ
Wo?
sitzen
stehen → unter dem Tisch
liegen

mit Akkusativ
Wohin?
setzen
stellen → unter den Tisch
legen

Unwissen äußern
Das weiß ich doch nicht!
Keine Ahnung!
Ich glaube, …
Dann weiß ich es auch nicht.

Adjektiv + Nomen:
Possessiv- und
Negativartikel

im Nominativ
mein/kein grauer Koffer
mein/kein graues Tablet
meine/keine graue Tasche
meine/keine grauen Schuhe

im Akkusativ
meinen/keinen grauen Koffer
mein/kein graues Tablet
meine/keine graue Tasche
meine/keine grauen Schuhe

So sprichst du Vokale vor tz:
Den Vokal vor tz sprichst du kurz.

5 Informationen im Jugendhotel

> Liebe Gäste aus aller Welt. Herzlich willkommen!
> Hier sind einige Informationen über unser Jugendhotel:
>
> 1 Die Rezeption ist besetzt von morgens 6.00 Uhr bis nachts 24.00 Uhr.
> 2 Frühstück gibt es von 7.30 Uhr bis 9.30 Uhr.
> 3 Ruhe gilt: von 13.30 Uhr mittags bis 15.00 Uhr,
> von 22.00 Uhr abends bis 6.00 Uhr morgens,
> also während der Mittagspause und während der Nacht!
> 4 Abendessen gibt es von 18.30 Uhr bis 20.30 Uhr. Sonntags ist die Küche geschlossen.
> 5 Die Cafeteria ist während des ganzen Tages geöffnet und schließt um 18.00 Uhr.

Lies die Informationen. Lies nun die Sätze. Wie steht es in der Information? Such die Stelle. Achtung! Ein Satz passt nicht.

1. Das Frühstück gibt es von halb acht bis halb zehn.
2. Während des Frühstücks gilt Ruhe.
3. Die Rezeption macht am Morgen auf und in der Nacht zu.
4. Abends kann man im Jugendhotel essen.
5. Während der Nacht darf man nicht laut sein.
6. Die Cafeteria macht um sechs Uhr nachmittags zu.
7. Am Sonntag gibt es kein Abendessen.

→ AB 7-8

Tageszeiten und Wochentage
morgens
mittags
nachmittags
abends
nachts

sonntags
montags
...

Zeitangaben

mit Genitiv

während | des Tages / des Frühstücks / der Nacht

mit Dativ
zum Frühstück

6 Unser Tagesablauf in Berlin

2/49 **a** **Hör zu und mach dir Notizen zum Tagesablauf.**

2/49 **b** **Hör noch einmal zu. Was ist richtig? Was ist falsch?**

1. Man muss Hanna um acht Uhr wecken, sonst wird sie nicht wach.
2. Sofie soll zuerst ins Bad gehen und duschen.
3. Sofie putzt die Zähne vor dem Frühstück.
4. Alle sollen pünktlich zum Frühstück kommen.
5. Nach dem Frühstück gehen die Schüler los.
6. Während des Tages sind sie immer unterwegs.
7. Zum Abendessen ist die Klasse immer zurück.

→ AB 8-9

Tagesablauf
wecken
wach werden
ins Bad gehen
duschen
die Zähne putzen
frühstücken
losgehen
zu Mittag/zu Abend essen
schlafen gehen

7 Und jetzt du!

a **Schreib Fragen für deine Partnerin / deinen Partner.**

b **Tauscht die Blätter und antwortet.**

→ AB 9

Wie sieht dein Tagesablauf aus?
Was machst du morgens?
Was machst du vormittags/...?
Wann machst/gehst/... du ...?

1 Was machen wir in Berlin?

Alexanderplatz

Museumsinsel

Reichstag

Brandenburger Tor

Schloss Bellevue

Wochenplan	Mo	Di	Mi	Do	Fr
vormittags	Anreise ☺	Brandenburger Tor, Reichstag	Spreefahrt	Hackesche Höfe	Abfahrt ☹
nachmittags	Stadt-rundfahrt	Museumsinsel	frei	Alexanderplatz, Potsdamer Platz, Gendarmenmarkt	
abends	--	Theater	--	Popkonzert	

Gendarmenmarkt

Kurfürstendamm

Hackesche Höfe

Potsdamer Platz

Spreefahrt

a Schau die Bilder an. Was kennst du schon?

b Lies den Wochenplan und ordne die passenden Bilder zu.

→ AB 1

2 Wem gefällt was?

Sofie
Ich gehe gern ins Theater und ins Museum.

Berlin ist doch die Hauptstadt. Ich möchte unbedingt zum Reichstag. Und ich möchte zum Wannsee.
Noah

Ich freue mich schon auf die Flussfahrt, aber Mittwoch-nachmittag gehe ich shoppen.
Hanna

Linus
Ich möchte auf den Fernsehturm und Berlin von oben sehen. Am meisten freue ich mich auf Donnerstagabend.

a Lies die Aussagen und den Wochenplan in **1**. Welche Tage sind für Sofie, Hanna, Noah und Linus besonders interessant?

b Wer interessiert sich für Kultur, Natur, Shoppen, Politik, Musik?

→ AB 2

3 Und jetzt du!

a Schau die Bilder an und lies den Wochenplan in **1**.
Schreib Fragen für deine Partnerin / deinen Partner.

b Tauscht die Blätter und antwortet.

→ AB 2

Was würde dich interessieren?
Wohin würdest du gern …?
Würdest du gern …?

---

4 Stadtrundfahrt

2/50 **a** Hör zu und such die Ziele auf den Bildern in **1**.

2/50 **b** Hör noch einmal zu. Finde die passenden Sätze.
Was ist das Lösungswort?

1. Der Kurfürstendamm
2. Der Potsdamer Platz
3. Der Gendarmenmarkt
4. Am Alexanderplatz
5. Das Brandenburger Tor
6. Im Reichstag
7. Zwischen dem Reichstag und der Spree
8. Schloss Bellevue ist

F ist eine bekannte Einkaufsstraße.
T ist das Wahrzeichen der Stadt. Durch das Brandenburger Tor muss man zu Fuß gehen.
E ist der schönste Platz Berlins. Gegenüber dem Deutschen Dom steht der Französische Dom.
A tagt das deutsche Parlament.
R ist das neue Zentrum Berlins.
I steht der Fernsehturm.
G liegt das Bundeskanzleramt.
S der Sitz des Bundespräsidenten.

→ AB 3

Ortsangaben

mit Dativ
□↔□ gegenüber dem Dom

mit Akkusativ
□↑□ durch das Tor

mit Dativ und Akkusativ
□•□ zwischen
dem Reichstag
und der Spree/
den Reichstag
und die Spree

---

5 Das gibt es in Berlin

Hallo … und Willkommen in Berlin
Was wollt ihr sehen, hier in unserer Hauptstadt?
In Berlin gibt es für jeden etwas. Lasst euch überraschen.

1 Berlin ist für seine 170 (!) Museen bekannt. Auf der Museumsinsel, einer Halbinsel in der Spree, gibt es unter anderem das Ägyptische Museum, wo man die wunderschöne Nofretete sehen kann.

2 Du bist nicht zum Spazierengehen nach Berlin gekommen? Warum nicht? Fast ein Drittel der Stadt besteht aus Parks, Wiesen, Wäldern, Seen und Flüssen, z. B. Müggelsee oder Wannsee, Spree und Havel.

3 An Berlin kommt keiner der Stars aus der Musikszene vorbei. Konzerte gibt es zum Beispiel im „Haus der Kulturen der Welt", aber auch Open Air auf der Waldbühne für 20 000 Menschen.

4 Und nun die Shopping-Angebote: Das KadeWe auf dem Ku'damm ist bekannt. Tolle Designer-Läden gibt es in den wunderschönen Hackeschen Höfen. Typisch aber sind die kleinen Shops, zum Beispiel am Prenzlauer Berg.

Nofretete

Wannsee

Waldbühne

Lies die Abschnitte 1 – 4. Was ist richtig: a, b oder c?

1. In Berlin gibt es 170 — a Seen und Flüsse. — b Museen. — c Inseln.
2. Open Air-Konzerte gibt es — a im Haus der Kulturen. — b in Parks. — c auf der Waldbühne.
3. Kleine Läden gibt es — a am Prenzlauer Berg. — b im KadeWe. — c auf dem Ku'damm.

→ AB 4

48

6 Am freien Nachmittag

A *Hanna:* Ich freue mich, dass ihr mit mir am Prenzlauer Berg shoppen geht.

Noah: Na ja, eigentlich wollte ich zum Wannsee. Egal.

Sofie: Mir würde der Wannsee auch gefallen. Aber wann kann man schon mal in einer Großstadt shoppen gehen.

B 🔊: *Endstation Wannsee! Bitte alles aussteigen!*

Hanna: Wie bitte? Wannsee?

Sofie: Es war der falsche Bahnsteig. Wir hatten doch recht!

C *Sofie:* Ich glaube, zum Prenzlauer Berg muss man hier umsteigen.

Noah: Wartet mal, ich gehe zum Schalter und frage die Auskunft.

D *Noah:* Zum Prenzlauer Berg fährt die S3. Die S3 hält da drüben.

Hanna: Hier ist doch der richtige Bahnsteig.

Sofie: Nein, wir müssen am Bahnsteig gegenüber einsteigen.

Hanna: Quatsch! Hier kommt schon die S-Bahn. Los, rein!

E *Hanna:* Und jetzt?

Noah: Jetzt gehen wir an den See und sehen uns die Landschaft an.

Hanna: Und unsere Shopping-Tour?

Sofie: Uns gefällt es hier. Wir fahren nicht zurück.

Hanna: Stimmt, es ist eigentlich ganz schön hier!

a Lies den Dialog. Ordne die Abschnitte A – E den Bildern 1 – 5 zu.

2/51 **b** Hör die ganze Geschichte zur Kontrolle.

c Das erzählt Hanna.
Was sagst du dazu?

> Wir wollten zum Prenzlauer Berg. Wir sind mit der S-Bahn gefahren. Wir mussten umsteigen. Die S-Bahn kam. Sofie sagte noch, das ist die falsche. Aber da waren wir schon drin. Dann waren wir plötzlich am Wannsee. Zuerst war ich sauer, aber dann war es so toll am See! Wer will denn schon shoppen!

sich orientieren
Ich gehe zum Schalter.
Ich frage die Auskunft.
Man muss hier umsteigen.
Die S-Bahn hält hier/da drüben/am Bahnsteig gegenüber.
Wir müssen hier einsteigen/umsteigen.

Präteritum von *sagen* und *kommen*

ich	sagte	kam
du	sagtest	kamst
er/es/sie	sagte	kam
wir	sagten	kamen
ihr	sagtet	kamt
sie/Sie	sagten	kamen

→ AB 5-7

1 Lesen: Schülerforum

Klassenfahrt		● ● ●

A.	Wir machen im Juni eine Klassenfahrt an den Bodensee. Wer war schon mal da? Gabriel	**D.**	Hoffentlich hast du Glück. Ich kann dir die Stadt nur empfehlen. Unsere Fahrt damals war super. Svenja
B.	Für unsere Klassenfahrt können wir wählen zwischen Köln und Hamburg. Ich hoffe, dass es mit Hamburg klappt. Carolin	**E.**	Ich kann dich gut verstehen. Eine Klassen- fahrt kann ganz schön teuer sein. Aber auch außerhalb Deutschlands gibt es günstige Ziele. Pia
C.	Fast alle von uns wollen mit der Klasse ins Ausland fahren. Das möchte ich aber nicht. Ich kann nicht so viel Geld ausgeben. Leo	**F.**	Wir waren oft mit dem Schiff unterwegs. Wir haben in Deutschland übernachtet, aber viele Ausflüge nach Österreich und in die Schweiz unternommen. Max

a   Lies die Texte. Welche Texte gehören zusammen?

b   Lies die Texte noch einmal. Was ist richtig: a, b oder c?

     1. Wer war schon mal mit der Klasse am Bodensee?
        a   Gabriel   b   Max   c   Svenja

     2. Welches Reiseziel empfiehlt Svenja?
        a   Hamburg   b   Köln   c   den Bodensee

     3. Warum hat Leo Angst vor der Klassenfahrt?
        a   Sie ist vielleicht zu teuer.   b   Sie ist sehr günstig.   c   Sie ist preiswert.

2 Formular: Wer ist das?

a   Schreib ein Formular. Du kannst das Formular mit weiteren Angaben ergänzen. Füll dann das Formular mit deinen Daten aus.

> Familienname/Vorname: ???   Geburtsdatum/Geburtsort: ???
>
> Wohnort: ???   weiblich (Mädchen) ??? / männlich (Junge) ???
>
> Adresse: ???   Schule/Klasse: ???
>
> Telefonnummer: ???   Hobbys: ???
>
> Alter: ???   ...

b   Sammelt alle Formulare ein. Ein Schüler zieht einen Zettel und liest vor. Die anderen raten. Den Namen oben weglassen!

Die Person ist am ... in ... geboren.

Die Person wohnt in ...

Die Person ist ein Mädchen/ein Junge.

3 Wir sprechen miteinander: Thema „Fragen zur Person"

a Schreibt in jeder Gruppe drei Karten zu verschiedenen Themen.

> *Fragen zur Person*
> *Tagesablauf?*

> *Fragen zur Person*
> *Reisen?*

> *Fragen zur Person*
> *Deutschland?*

b Stell deiner Partnerin/deinem Partner eine Frage zu jeder Karte.
Sie/Er antwortet. Dann wechseln.

Tagesablauf?

- Was machst du am Morgen?
- Ich dusche und putze die Zähne.

Reisen?

- Was musst du vor der Reise machen?
- Ich muss meinen Koffer packen.

Deutschland?

- Welche Stadt in Deutschland interessiert dich?
- Berlin finde ich interessant.

4 Projekt: Landkarte Deutschland, Österreich, Schweiz

Zeichnet auf einen Karton eine Landkarte
„Deutschland – Österreich – Schweiz".
Ihr könnt auch eine Karte kopieren.
Sammelt Postkarten und andere Bilder
und klebt sie an die richtige Stelle in der Karte.
Tragt auch bekannte Informationen ein,
zum Beispiel Fußballvereine oder Speisen.

5 Rap: Berlin, Berlin

1 Berlin, Berlin,
wir fahren nach Berlin.
Oder nach Paris,
oder auch nach Wien.

2 Neue Städte kennenlernen.
Neue Länder kennenlernen.
Neue Menschen kennenlernen.
Das ist wirklich cool. Ja!

3 Natur, Kultur,
Natur, Kultur,
nicht nur Natur,
nicht nur Kultur. Ja!

4 Andere Speisen ausprobieren,
andere Sprachen ausprobieren,
ein anderes Leben ausprobieren.
Das ist wirklich cool. Ja!

5 Berlin, Berlin,
wir fahren nach Berlin.
Da hat es uns gefallen,
da fahren wir wieder hin.
Oder nach Paris
oder auch nach Wien. Ja!

2/52 **a** Hör zu und lies mit.   **b** Macht weitere Strophen mit anderen Städten.

2/53 **c** Karaoke: Singt die neuen Strophen zum Playback.

6 Schau den Film *Berlin! Berlin!* zu Modul 16 an und lös die Aufgaben auf S. 82.

Film
Modul 16

Kommunikation

Wünsche und Vorschläge äußern	Ich würde gern … ▪ Ich hätte gern Zeit für … ▪ Hättest du Lust? ▪ Wir könnten doch … ▪ Ich hätte einen Vorschlag. ▪ Ihr könntet dann …
Unwissen äußern	Das weiß ich doch nicht! ▪ Keine Ahnung! ▪ Ich glaube, … ▪ Dann weiß ich es auch nicht.
sich orientieren	Ich gehe zum Schalter. ▪ Ich frage die Auskunft. ▪ Man muss hier umsteigen. ▪ Die S-Bahn hält hier/da drüben/am Bahnsteig gegenüber. ▪ Wir müssen hier einsteigen/umsteigen.

Grammatik

1 Verb

Konjunktiv II von können, werden, haben					*Präteritum von* sagen *und* kommen		
ich	könnte	würde	hätte		ich	sagte	kam
du	könntest	würdest	hättest		du	sagtest	kamst
er/es/sie	könnte	würde	hätte		er/es/sie	sagte	kam
wir	könnten	würden	hätten		wir	sagten	kamen
ihr	könntet	würdet	hättet		ihr	sagtet	kamt
sie/Sie	könnten	würden	hätten		sie/Sie	sagten	kamen

Konj. II von können/werden + *Infinitiv*	*Passiv Präsens* = werden + *Partizip Perfekt*
Wir **könnten/würden** gern **wandern**.	Wir **werden** am Bahnhof **abgeholt**.

2 Adjektiv + Nomen: Nominativ und Akkusativ bei Possessiv- und Negativartikel

Nominativ	mein/kein grauer Koffer	mein/kein graues Tablet	meine/keine graue Tasche	meine/keine grauen Schuhe
Akkusativ	meinen/keinen grauen Koffer			

3 Präpositionen

Positionsverben			*Ortsangaben mit Dativ und Akkusativ*		
Dativ **Wo?**	sitzen, stehen, liegen → unter dem Tisch		*Dativ* **Wo?**	gegenüber dem Dom	zwischen dem Reichstag und der Spree
Akkusativ **Wohin?**	setzen, stellen, legen → unter den Tisch		*Akkusativ* **Wohin?**	durch das Tor	zwischen den Reichstag und die Spree

Zeitangaben		
Genitiv	während des Unterrichts	während des Frühstücks	während der Pause
Dativ	zum Unterricht	zum Frühstück	zur Pause

Das Magazin

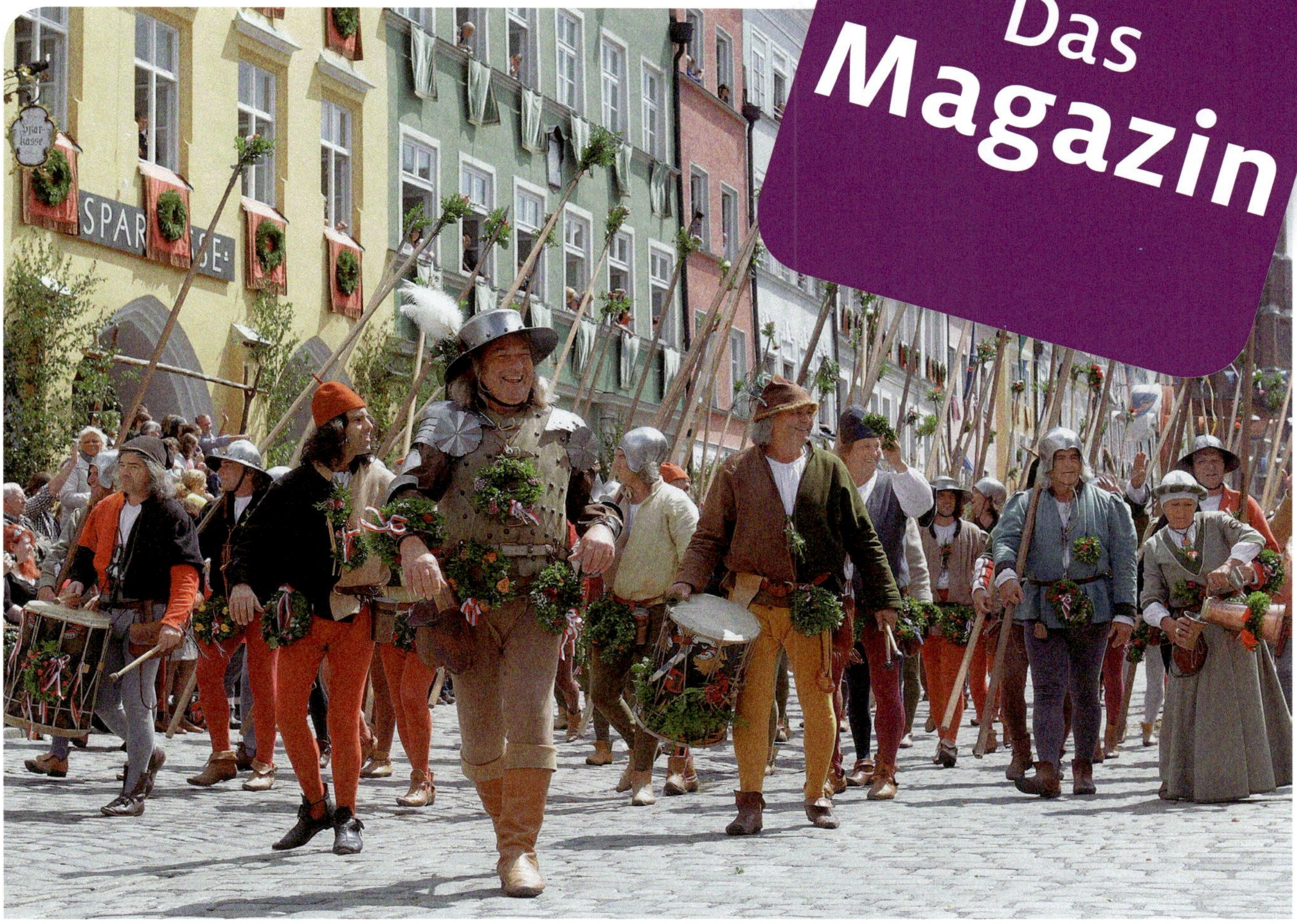

Hier findest du die Spiele aus dem Kursbuch und die Aufgaben zu den Filmen.

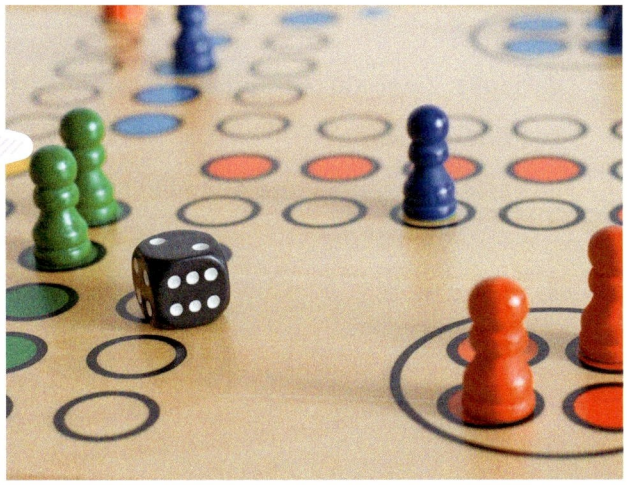

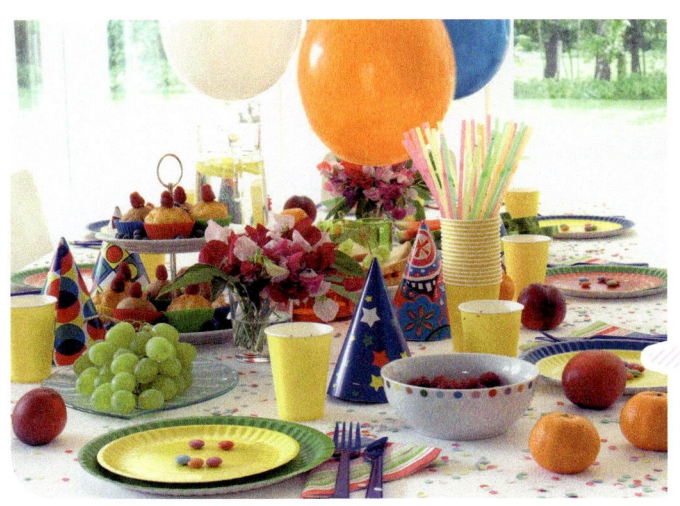

Wir zeigen dir, wie man in Deutschland, Österreich und der Schweiz Feste feiert.

Zwei-Karten-Spiel ‹L37/7

So geht das Spiel:

1. Schreibt auf weiße Karten in Blau *Wohin*-Fragen und in Rot *Wo*-Fragen.
   Schreibt auf gelbe Karten die passenden Antworten in Blau oder Rot.

Wohin gehst du?	*An den See.*	*Wo bist du?*	*Am See.*

2. Alle *Frage*-Karten einsammeln, mischen und auf einen Stapel legen.
   Ebenso alle *Antwort*-Karten.

3. Spieler 1 zieht eine Frage-Karte und liest sie vor.

Spieler 2 zieht eine Antwortkarte und liest sie vor.

Passen Frage und Antwort zusammen?
Dann bildet Spieler 1 einen Satz aus Frage und Antwort.
Spieler 1 darf das Kartenpaar behalten und weitermachen.

Passen Frage und Antwort nicht zusammen? Dann kommen beide Karten
zurück auf die Stapel und Spieler 2 darf weitermachen.

> Wer hat am Schluss
> die meisten Karten?

Variante: Zwei-Karten-Spiel zum Nebensatz mit *wenn* ‹L 38/11

So geht das Spiel:

1. Karten schreiben und auf zwei Stapel legen.

Sie bleibt zu Hause.	*Es regnet.*
Wir machen eine Party.	*Es schneit.*

Wir gehen in die Stadt.	Es ist sonnig.
Er macht gern Sport.	Es ist windig.
Er wandert gern.	Es ist neblig.
Sie geht spazieren.	Es ist bewölkt.
Sie freuen sich.	Die Sonne scheint.
Wir gehen ins Kino.	Es gibt ein Gewitter.

2. Ein Spieler: Von jedem Stapel eine Karte nehmen.
Einen Nebensatz mit *wenn* bilden.

Sie bleibt zu Hause,
wenn es regnet.

Richtig? Die Karten behalten und weitermachen.
Falsch? Beide Karten wieder in die Stapel legen.
Der nächste Spieler ist dran.

Wer hat am Schluss
die meisten Karten?

Variante: Zwei-Karten-Spiel zu reflexivem Verb und Nebensatz mit *wenn* oder *dass* ‹L 42/1

So geht das Spiel:

1. Karten schreiben und auf zwei Stapel legen.

Ich freue mich ...   Er kommt zu spät.
Wir ärgern uns ...   Sie machen eine Party.
...   ...

2. Ein Spieler: Von jedem Stapel eine Karte nehmen. Die Karten vorlesen und daraus
einen Satz bilden mit einem Nebensatz mit *wenn* oder *dass*.

Wir ärgern uns ...   Er kommt zu spät.

Wir ärgern uns, dass er
zu spät kommt.

Eine besondere Variante: Zwei-Karten-Spiel zum Akkusativ bei unbestimmtem Artikel ‹L 40/5

So geht das Spiel:

1. Karten schreiben und auf zwei Stapel legen.

Ich habe ...
Ich suche ...   Jacke (neu)
Ich brauche ...   Spiel (interessant)
Ich esse ...   Hamburger (groß)
Ich kaufe ...   ...

2. Ein Spieler: Von jedem Stapel eine Karte nehmen. Die Karten vorlesen
und daraus einen Satz bilden mit Akkusativ bei unbestimmtem Artikel.
Die Klasse kontrolliert die richtige Adjektivform.

Ich brauche ...   Jacke (neu)

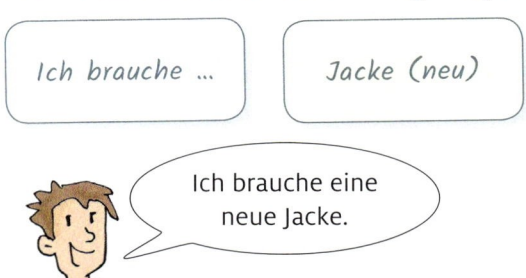

Ich brauche eine
neue Jacke.

Würfelspiel ‹L38/5

So geht das Spiel:

1. Zusammen mit der Partnerin / dem Partner Fragen zu den Szenen in **4** auf Karten schreiben. Die Karten auf einen Stapel legen.

> Was gibt es zum Essen?

> Wann machen die Freunde die Party?

> Wo machen sie die Party?

2. Würfeln und Spielfigur auf dem Spielplan auf Seite 75 bewegen. Buntes Feld? Dann eine Frage-Karte ziehen, vorlesen und wie im Text antworten.

3. Richtig? Zwei Felder weitergehen. Falsch? Der nächste Spieler ist dran.

> Wer ist als Erster im Ziel?

Ebenso:

‹L42/1

Fragen zum Text in 1:

Was sagen Andy und Hannes?
Was haben Andy und Hannes gesehen?
Wann hat sich Julia mit dem Jungen getroffen?
Warum muss Julia sich beeilen?
Warum ärgert sich der Junge vielleicht?
…

‹L45/3

Fragen zu den Texten in 1:

Seit wann …?
Ab wann …?
Wann …?
In welchem Jahr …?
Wie heißt …?
…

‹L47/1

Fragen zu den Texten in 1:

Wann sind die Mädchen in Berlin angekommen?
Wo wohnen die Mädchen in Berlin?
Was gibt es in dem Jugendhotel?
Was machen die Mädchen gerade?
Warum freut sich ein Mädchen, dass es einen Aufzug gibt?

…

Variante: Würfelspiel zu Verben mit Reflexivpronomen ‹L42/1

1. Verben mit Reflexivpronomen auf Karten schreiben. Die Karten auf einen Stapel legen.

sich fühlen   sich ärgern   sich verletzen   sich interessieren
sich verlieben   sich beeilen   sich entschuldigen   sich freuen

2. Würfeln und Spielfigur auf dem Spielplan auf Seite 75 bewegen. Buntes Feld? Dann eine Karte ziehen, vorlesen und einen Satz mit dem reflexiven Verb bilden.

> Ich freue mich, dass du kommst.

Interviewspiel ‹L40/2

So geht das Spiel:

1. An der Tafel Argumente für oder gegen Fast Food sammeln. Nummern vor die Fast Food-Speisen schreiben, Buchstaben vor die Pro- und Kontra-Argumente schreiben.

Ich mag/esse gern …	1. Hamburger,		A. gut schmecken.
	2. Hotdogs,	weil	B. …
	…		…
Ich mag …	7. keine Hamburger,		G. … ungesund sind.
	8. keine Hotdogs,	weil	H. … dick machen.

2. Auf ein Blatt schreiben, was man gern / nicht gern isst und warum. Die anderen dürfen es nicht sehen.

3. Mit dem Blatt und einem Bleistift durch die Klasse gehen und fragen.

Was isst du gern/nicht gern und warum?

Ich mag keine Hotdogs, weil sie dick machen.

4. Die Nummer und den Buchstaben an der Tafel suchen und aufschreiben. Den Namen dazu schreiben.

Wer als Erster sechs Fragen und Antworten auf seinem Zettel hat, ruft: „Ich bin fertig!"

5. Nach dem Spiel: Der Sieger liest seinen Zettel vor.

Pia mag keine Hotdogs, weil sie dick machen.

Richtig.

Faltspiel ‹L41/2

So geht das Spiel:

1. Fünf Spieler. Jeder Spieler hat ein Blatt und schreibt diesen Satz in die fünf Spalten.

ZEIT	VERB	NOMEN	OBJEKT	BESITZER
Am Abend	liest	der Vater	den Brief	der Oma.

2. Unter *Am Abend* einen ähnlichen Satzteil (Zeitangabe) schreiben: *In der Nacht, Am Nachmittag,* … Das Blatt nach hinten falten. Der nächste Spieler darf den neuen Text nicht sehen. Das gefaltete Blatt nach links weitergeben.

VERB	NOMEN	OBJEKT	BESITZER
liest	der Vater	den Brief	der Oma.
isst			

3. Unter *liest* einen ähnlichen Satzteil (Verb) schreiben: *isst, nimmt, trinkt,* … Das Blatt nach hinten falten und nach links weitergeben, und so weiter …

NOMEN	OBJEKT	BESITZER
der Vater	den Brief	der Oma.
unser Lehrer		

4. Der letzte Spieler macht das Blatt auf und liest vor.

Wer hat den schönsten Quatsch-Satz?

ZEIT	VERB	NOMEN	OBJEKT	BESITZER
Am Abend	liest	der Vater	den Brief	der Oma.
Am Morgen	isst	unser Lehrer	den Rucksack	des Großvaters.

Kimspiel ‹L42/8

So geht das Spiel:

1. Macht Bildkarten mit Kleidungsstücken in den Artikelfarben, immer zweimal das gleiche Kleidungsstück:

Macht auch Karten mit:

Mantel, Rock
Hemd, Kleid
Jacke, Mütze
Blusen, Stiefel

Variante 1: als Rasterspiel

2. Macht an der Tafel ein Raster. Alle Bildkarten an der Tafel in der richtigen Spalte anheften. (A=maskulin, B=neutral, C=feminin, D=Plural)

3. Alle Schüler sehen sich die Bildkarten eine Minute an. Dann werden die Bildkarten umgedreht.

4. Ein Spielleiter zeigt auf eine Karte. Die Klasse muss raten:

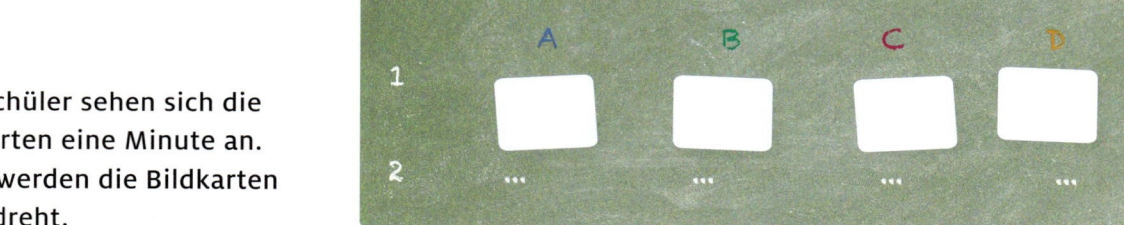

Was ist C 3 ?

Eine rote Hose.

Richtig? Ein Punkt.

Wer hat nach 10 Fragen am meisten Punkte?

Variante 2: als Kimspiel

2. Alle Bildkarten ungeordnet in vier Reihen auf den Tisch legen.
   Alle Schüler sehen sich die Bildkarten eine Minute lang an.
   Dann werden die Bildkarten umgedreht.

3. Zwei Gruppen spielen gegeneinander. Gruppe 1 fragt, Gruppe 2 antwortet.

Richtig? Karte nehmen.   Falsch? Karte zurücklegen.

Nach 10 Fragen Karten zählen.

4. Jetzt spielt Gruppe 2 gegen Gruppe 1: Die Karten mischen. Alle Karten wieder
   auf den Tisch legen. Alle Karten genau ansehen. Nach einer Minute alle Karten
   umdrehen. Gruppe 2 fragt, Gruppe 1 antwortet. Nach 10 Fragen Karten zählen.

Welche Gruppe hat
die meisten Karten?

Pantomime-Spiel: Berufe raten ‹L44/2

So geht das Spiel:

Die Klasse in drei Gruppen teilen. Fünf Spieler stehen vor der Klasse.
Sie gehören zu keiner Gruppe. Die Spieler stellen nacheinander
einen Beruf pantomimisch dar. Welche Gruppe weiß die Antworten
am schnellsten? Ein Punkt für jede richtige Antwort.

Schwarzer Peter ‹L44/4

So geht das Spiel:

Koch | Köchin | Kranken-pfleger | Kranken-schwester | Bankkauf-mann | Bankkauf-frau

1. Zehn Kartenpaare (Maskulin-Feminin-Paare)
   schreiben und Karte „Schwarzer Peter" machen.

2. In Gruppen zu vier oder fünf Spielern spielen.
   Alle Karten mischen und an die Spieler verteilen.

3. Immer vom Partner rechts
   eine Karte ziehen.

4. Hast du ein Maskulin-Feminin-Paar?
   Vorlesen und das Paar ablegen.

> Wer am Schluss die Karte
> „Schwarzer Peter" hat, hat verloren.

Variante: „Schwarzer Peter" mit Ortsangaben mit Dativ und Akkusativ ‹L46/4

So geht das Spiel:

1. Diese Karten schreiben:

6 Karten mit:	6 Karten mit:
Wir fahren	Wir sind

je eine Karte mit:

auf die Insel	auf der Insel
in die Stadt	in der Stadt
an den See	am See
nach Berlin	in Berlin
in den Wald	im Wald
ins Schwimmbad	im Schwimmbad

Wir fahren

Wir sind

auf die Insel

auf der Insel

Und die Karte „Schwarzer Peter" machen.

2. Hast du ein Kartenpaar, mit dem du einen richtigen
   Satz bilden kannst? Vorlesen und das Paar ablegen.

Wir fahren auf die Insel.

Dalli-Dalli-Spiel ‹L46/5

So geht das Spiel:

1. Zwei Schüler gehen hinaus. Zwei andere Schüler sagen abwechselnd ganz schnell:

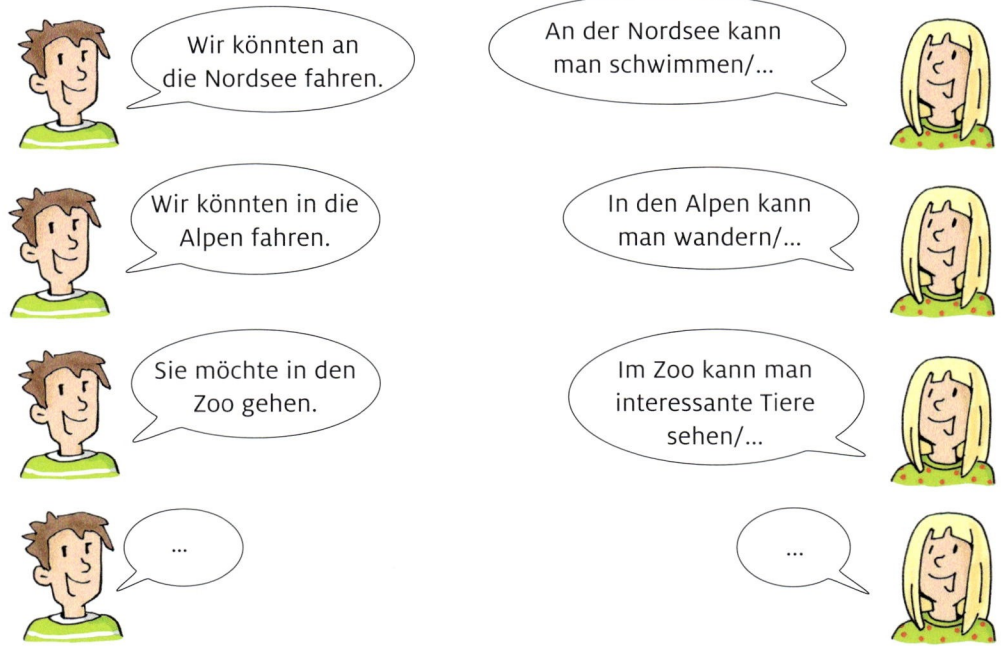

Alle zählen die richtigen Sätze mit. Wie viele richtige Sätze in zwei Minuten?

2. Dann kommen die beiden anderen Schüler herein und machen das Gleiche. Wieder zählen alle mit.

Wer hat am meisten richtige Sätze gesagt?

Variante: Dalli-Dalli-Spiel zu Tageszeiten/Wochentagen ‹L47/5-6

So geht das Spiel:

1. Zwei Schüler fragen und antworten ganz schnell:

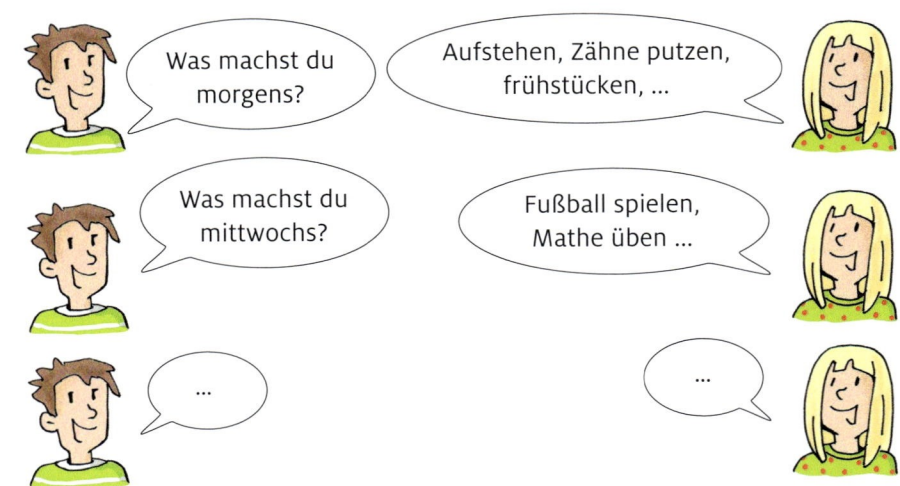

Alle zählen die passenden Antworten mit.
Wie viele Antworten in zwei Minuten?

Wer hat am meisten passende Antworten gesagt?

Quartett ‹L47/3

So geht das Spiel:

1. Quartett-Karten machen: Immer vier Karten gehören zusammen.
   Sie zeigen einen gleichen Gegenstand in vier verschiedenen Farben.

Koffer

Koffer (grau)
Koffer (braun)
Koffer (hellrot)

Koffer

Koffer (braun)
Koffer (hellrot)
Koffer (schwarz)

Koffer

Koffer (hellrot)
Koffer (schwarz)
Koffer (grau)

Koffer

Koffer (schwarz)
Koffer (grau)
Koffer (braun)

Auch Karten machen mit:

Tablet ▪ Tasche ▪ Schuhe, ...

2. In Gruppen mit vier Spielern spielen. Karten mischen und verteilen.

3. Hast du ein Quartett? Dann leg das Quartett auf den Tisch.
   Hast du kein Quartett? Dann musst du fragen.

4. Richtig? Noch einmal fragen.   Falsch? Der andere fragt.

Wer kann als Erster alle Karten ablegen?

Spielplan

Start   Ziel ☺

ALLES GUTE

Geburtstag

Der Geburtstag ist immer ein ganz besonderer Tag.
Die Familie, die Verwandten und Freunde gratulieren
dem „Geburtstagskind" und wünschen: „Alles Gute".
Manchmal singen sie auch ein Lied.

Es gibt auch einen Kuchen mit kleinen Kerzen darauf –
eine Kerze für jedes Lebensjahr. Das Geburtstagskind
bläst die Kerzen mit einem Atemzug aus.
Dann hat es einen Wunsch frei.

In Deutschland darf man auf keinen Fall
schon am Tag vor dem Geburtstag gratulieren.
Das bringt Unglück, sagt man.

Viele laden ihre Freunde zu einer Geburtstagsfeier ein.
Die Freunde bringen dann ein Geschenk mit.
Das Geburtstagskind packt das Geschenk gleich aus,
bedankt sich und legt alles zusammen auf einen Tisch.

Kinder feiern ihren Geburtstag meistens zu Hause.
Jugendliche möchten oft lieber allein mit ihren
Freunden feiern. Dazu können sie einen Raum in einem
Jugendtreff mieten, oder sie gehen für ein paar Stunden
auf eine Kart- oder Bowlingbahn oder machen ein Geocaching.

Wie feiert man in deinem Land Geburtstag?
Und wie möchtest du deinen Geburtstag feiern?

Historische Feste

Im Sommer, wenn das Wetter schön ist, gibt es an vielen Orten Mittelalter-Feste.
Das sind Open Air-Festivals, bei denen das Leben nachgespielt wird, wie es früher war.

Das größte und teuerste Mittelalter-Fest ist das **Ritterturnier in Schloss Kaltenberg** bei München. An drei Wochenenden im Juli gibt es eine große Show mit vielen Pferden und mutigen Reitern. Stuntmen, die aus Hollywood-Filmen bekannt sind, kämpfen dann in spannenden Reiterturnieren.

Alle vier Jahre feiert man die **Landshuter Hochzeit.**
Das ist ein großes Fest, so wie die Hochzeit,
die Herzog Georg von Bayern im Jahr 1475 feierte.

Die ganze Stadt sieht dann wie eine Stadt im 15. Jahrhundert aus. Auf den Straßen fahren keine Autos und Fahrräder. Die gab es damals ja noch nicht. Man sieht nur Wagen aus Holz und Menschen in seltsamer Kleidung. Viele Einwohner der Stadt spielen mit. Sie verkleiden sich und ziehen in Gruppen durch die Stadt. Oder sie machen Musik mit alten Instrumenten.

Die Männer und Jungen gehen seit vielen Monaten nicht mehr zum Friseur. Sie lassen die Haare bis über die Ohren wachsen. So war es Mode damals.
Die Mädchen und Frauen tragen lange Kleider und haben bunte Blumenkränze auf dem Kopf.

Wer mitspielen will, darf auch keine Armbanduhr oder Brille tragen. Das hatten die Menschen damals noch nicht. Und ein Handy ist sowieso verboten. Trotzdem haben alle Spaß an diesem fremden Leben.

Alle zwei Jahre wird das **Schlossfest in Neuburg an der Donau** gefeiert. An zwei Wochenenden im Juli sieht die Altstadt mit dem Schloss und den alten Häusern so aus, wie eine Stadt vor 600 Jahren ausgesehen hat.

Viele Leute aus der Stadt machen mit. Jungen und Mädchen ziehen dann nicht Jeans und T-Shirt an. Sie tragen stattdessen lange Röcke und weite Hemden. Auch die Erwachsenen, egal ob Lehrerin, Arzt oder Ingenieur, verkleiden sich und haben schöne, geschmückte Kleider an und große Hüte auf dem Kopf.

Auf einem historischen Jahrmarkt werden Tänze und Theaterstücke aufgeführt. Und es gibt Speisen wie vor 600 Jahren.

Schlossfeste und Ritterspiele sind auch in Österreich und der Schweiz sehr beliebt.

„Karneval der Kulturen" in Berlin

In Berlin leben Menschen aus über 100 Nationen.
In Köln, in Mainz und in vielen anderen Städten
feiert man am Ende des Winters Karneval.
In Berlin gibt es das nicht. Hier feiert man Ende
Mai oder Anfang Juni den „Karneval der Kulturen".

Seit 1996 feiert die ganze Stadt dieses laute,
bunte Festival mit Musik, Tanz und Theater.
Es zeigt die verschiedenen Kulturen, die es in der
Stadt gibt. Und es zeigt, wie freundlich die
Kulturen miteinander leben und feiern können.

Vier Tage lang ist das Stadtzentrum von Berlin ein großes
Straßenfest. Die verschiedenen Nationen stellen ihre
typischen Kostüme vor. Künstlerinnen und Künstler
präsentieren Musik und Tänze aus ihrer Heimat. Auch ein
Kinderkarneval gehört dazu. Und natürlich gibt es die
verschiedensten Speisen und Getränke.

An Straßenumzügen machen mehr als 4.000 aktive Teilnehmer
mit. Vor allem südamerikanische und afrikanische Gruppen machen
die Stadt bunt. Bis zu 1,3 Millionen Besucher schauen zu und feiern mit.
Das Festival endet mit einer großen Abschlussparty.

Filme

Film zu Modul 13: *Geburtstag* (über Hobbys sprechen)

‹ Zum Schluss, Modul 13/5

1 a Schau Teil 1 des Films ohne Ton an. Was ist das Thema, was glaubst du? Diskutiert in der Klasse.

a Tiere   b Geschenke   c Hobbys

b Schau Teil 1 des Films noch einmal mit Ton an und überprüfe deine Ergebnisse aus a.

2 a Ordne die Bilder A–H den Wörtern zu. Vier Bilder passen nicht.

1 Einrad fahren   2 reiten   3 lesen   4 Schlagzeug spielen

b Überlege zusammen mit deiner Partnerin / deinem Partner: Welche Hobbys kommen im Film vor? Schaut dann Teil 1 des Films noch einmal an und überprüft eure Ergebnisse.

c Sammle dann zusammen mit deiner Partnerin / deinem Partner weitere Hobbys. Schreib auf.

3 a Schau die Bilder A–C an und überlege zusammen mit deiner deinem Partner: Was sagen die Personen? Ordne die Aussagen 1–3 den Bildern zu.

1. Mach das mal, Alex.
2. Das ist ja ganz einfach.
3. 61a. Hier ist es.

b Schaut dann Teil 2 des Films noch einmal an und vergleicht mit euren Ergebnissen aus a.

4 a Schau die Bilder A–D an. Welches Instrument hat Alex in der Plastiktüte? Was glaubst du?

 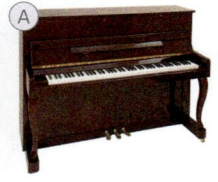   

Klavier   Keyboard   Mundharmonika   Gitarre

b Schau dann Teil 3 des Films an und vergleiche mit deiner Vermutung aus a.

Film zu Modul 14: *Mode und Moden* (über Geld sprechen)

‹Zum Schluss, Modul 14/4

1 a Schau das Bild an. Über was sprechen Alex und Kata? Was glaubst du? Diskutiert in der Klasse.

- [a] Mode
- [b] Geld
- [c] Kaufhäuser

b Schau dann Teil 1 des Films an und vergleiche mit deiner Vermutung aus a.

2 a Schau die Bilder A–E an. Schau dann die Interviews in Teil 2 des Films an. Was sagen die Jugendlichen zum Thema „Taschengeld"? Ordne die Aussagen den Bildern zu.

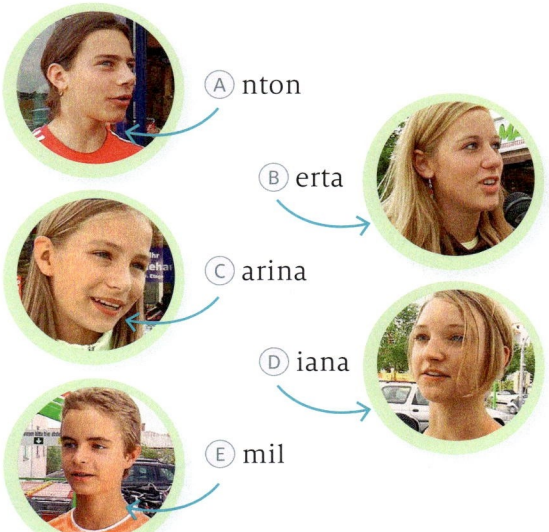

(A) nton
(B) erta
(C) arina
(D) iana
(E) mil

1. Ich bekomme nur zwölf Euro im Monat, leider.
2. Ich kaufe mir gar nichts. Ich spare.
3. Mit den hundert Euro muss ich alles bezahlen.
4. Ich bekomme 20 Euro.
5. Ich bekomme dreißig Euro Taschengeld und zwanzig Euro verdiene ich selbst.

b Wer kauft was vom Taschengeld? Notiere die Namen aus a und die Dinge.

| Kleidung | CDs | Schokoriegel | Schulsachen | Ohrringe |

| Schuhe | Handykarten | Computer | nichts |

Anton: Kleidung, Schuhe, …

c Schau Teil 2 des Films zur Kontrolle noch einmal an.

3 Schau Teil 3 des Films an. Alex kommt mit Essen aus dem Supermarkt.
Was ist richtig, [a], [b] oder [c]?

1. Das ist in Alex' Einkaufswagen:
   - [a] Gemüse und Obst
   - [b] Chips und Limo
   - [c] Schokoriegel und Pommes

2. Woher hat Alex das Geld?
   - [a] Er hat gearbeitet. Er hat es verdient.
   - [b] Er hat Katas Sparschwein kaputt gemacht.
   - [c] Er hat nicht bezahlt.

4 Wie findest du das Essen in Alex' Einkaufswagen? Sprecht in der Klasse.

Film zu Modul 16: *Berlin! Berlin!* (einen Tagesablauf beschreiben)

‹Zum Schluss, Modul 16/6

1 a Schau die Bilder an. Was macht Julia am Morgen? Schreib die Buchstaben auf.

M J O

D R G

H E S L

N I

Lösung: am M ???

b Schau Teil 1 des Films an und überprüfe deine Ergebnisse aus a.

c Was machst du am Morgen? Schreib auf.

frühstücken   ins Bad gehen   aufstehen   aus dem Haus gehen   zur Schule gehen

mit dem Bus / mit der U-Bahn / Fahrrad / … fahren   …

2 a Was macht Julia am Nachmittag? Was glaubst du?
Schau die Bilder in 1a an und schreib die Buchstaben auf.

Am Nachmittag: J, …

b Schau Teil 2 des Films und überprüfe deine Ergebnisse aus a.

3 **a** Was macht Julia am Abend? Was glaubst du? Schau die Bilder in 1a an und schreib die Buchstaben auf.

   b Schau Teil 3 des Films und überprüfe deine Ergebnisse aus a.

4 **a** Schreib Fragen und stell sie deiner Partnerin / deinem Partner.

Was machst du am Morgen / …? Was isst du zum Frühstück / …? Was trinkst / spielst / … du am …?
…

Ben steht um 6.30 Uhr auf. Zum Frühstück isst er Cornflakes und trinkt Tee. Dann duscht er und …

   b Stell die Ergebnisse in der Klasse vor.

5 Lies die Uhrzeiten. Schau den Film dann noch einmal an und ordne die richtige Zeit zum richtigen Bild aus 1a.

   1. 7.24 Uhr   **5.** 13.55 Uhr
   2. 6.45 Uhr   **6.** 18.30 Uhr
   3. 7.10 Uhr   **7.** 19.50 Uhr   *1. 7.24 Uhr = Foto E*
   4. 6.15 Uhr

6 Mach einen Steckbrief von Julia:

Steckbrief

Name: (???)

Alter: (???)

Eltern: geschieden

Geschwister: (???)

Schule: (???)

Hobbys: (???)

Freundinnen/Freunde: (???)

Wortliste

- Die alphabetische Wortliste enthält alle Wörter von *Dabei!* A2.2 mit Nennung der Lektion und der Aufgabennummer.
  Beispiel: Anschluss, ⸚e, der 43 6 → Das Wort *Anschluss* kommt erstmals in Lektion 43, Aufgabe 6 vor.

- Kursiv gedruckt sind Wörter, die nicht für die Prüfung der Niveaustufe A2 vorausgesetzt werden.

- Der für die Schüler relevante Lernwortschatz ist in chronologischer Reihenfolge im Anhang vom Arbeitsbuch zu finden.

- Nomen mit der Angabe (Sg.) verwendet man in der Regel nur im Singular.

- Nomen mit der Angabe (Pl.) verwendet man in der Regel nur im Plural.

- Folgende Abkürzungen werden verwendet: ZS = Zum Schluss, Einstieg = Moduleinstiegsseite

A

ab 45 2
abends 47 5
abwaschen 41 8
abziehen 41 8
achten auf 40 4
Ägypter, -, der ZS 14 1
altmodisch 42 4
ändern 42 7
anders sein 42 3
Anfang, ⸚e, der ZS 14 2
Angebot, -e, das 48 5
anheben 41 8
Anreise, -n, die 46 9
Anschluss, ⸚e, der 43 6
ansprechen ZS 15 1
Anzug, ⸚e, der 42 5
Apfelkuchen, -, der Start 1
Apfelsaft, ⸚e, der 38 6
Apparat, -e, der 43 6
Areal, -e, das 37 1
ärgern (sich) 42 1
auf jeden/keinen Fall 40 6
aufgeregt sein 45 4
aufhängen 47 1
aufsteigen 43 5
ausfüllen 43 3

ausgeben ZS 16 1
Auskunft, ⸚e, die 48 6
auspacken 47 1
ausprobieren ZS 16 5
ausschneiden 41 8
Aussehen (Sg.), das 40 3
außen 47 1
außerhalb ZS 16 1
Ausweis, -e, der 40 5
Auswertung, -en, die 40 3
ausziehen ZS 13 1
Autobahn, -en, die 43 4
Automobil, -e, das 43 7

B

backen 38 3
Bäcker, -, der 44 1
Bäckerei, -en, die 44 1
Badeanzug, ⸚e, der 42 5
Badehose, -n, die 42 5
Ballsport (Sg.), der Start 1
Bank (Geldhaus), -en, die 44 1
Bankkaufmann, -leute, der 44 1
Bankkauffrau, -leute, die 44 4
bauen 43 7
Baustelle, -n, die 43 4

Becher, -, der 39 5
beeilen (sich) 42 1
beenden 46 9
beliebt 43 7
Benzin (Sg.), das 43 7
beobachten 40 3
bequem 47 1
besonders 43 7
besprechen 46 9
bewölkt 38 8
bitter 40 1
blättern ZS 14 2
Blog, -s, der 42 6
Body-Tattoo, -s, das 41 8
Bohnensuppe, -n, die Start 1
Brieffreundschaft, -en, die ZS 15 1
Brille, -n, die 40 5
buchen 46 7
Bürste, -n, die Start 4

C

Cafeteria, -s (auch: Cafeterien), die 47 1
Chat, -s, der ZS 15 1
chatten 45 5

Wortliste

D

Dachgarten, ⸚, der Start 5
dafür/dagegen sein 41 6
damals ZS 16 1
Dampfer, -, der 37 1
danken 39 7
Datei, -en, die 45 4
dazugeben 38 6
dazugehören 37 1
Designer-Laden, ⸚, der 48 5
dick 40 1
diskutieren 41 3
Doppeldecker, -, der 43 5
Doppelzimmer, -, das 47 1
Dorfbewohner, -, der ZS 13 1
Drittel (Sg.), das 48 5
drucken 45 4
drücken 45 4
Drucker, -, der 45 5
Dschungel (Sg.), der ZS 14 1
durch 48 4
duschen 47 6

E

echt 37 1
Ecke, -n, die 40 6
ehrlich 44 7
Eindruck, ⸚e, der 42 4
Einkaufsstraße, -n, die 48 4
einteilen 46 9
eintragen ZS 14 2
Eintritt (Sg.), der 37 1
Eintrittspreis, -e, der 37 1
Einzelzimmer, -, das 46 8
Eiswürfel, -, der 38 6
elegant ZS 14 2
elektrisch 43 7
Elektroauto, -s, das 43 7
empfehlen ZS 16 1
Endstation, -en, die 48 6
entdecken 40 3
Ente, -n, die 38 4
Enter-Taste, -n, die 45 4
enthalten 37 1
erhalten 37 1

F

erinnern (sich) 42 1
erkunden 37 1
Erlaubnis (Sg.), die 41 3
ermäßigt 37 1
erwarten 37 1
Ess-Typ, -en, der 40 3

Fahrattraktion, -en, die 37 1
Fahrer, -, der 44 1
Fahrradmechaniker, -, der 44 1
Fahrradteil, -e, das 43 7
Fahrtende, -n, das 46 8
Fahrtzeit, -en, die 46 8
fast 40 4
Fast Food (Sg.), das 40 1
feiern 37 1
Fernsehturm, ⸚e, der 48 2
festmachen ZS 14 2
fett 40 1
Figur (Sg.), die 40 3
Filmpalast, ⸚e, der 37 1
Filmstadt, ⸚e, die 37 1
Filmstudio, -s, das 37 2
Fitness (Sg.), die 40 3
Flohmarkt, ⸚e, der 42 3
Fluggast, ⸚e, der 43 5
Fluggerät, -e, das 43 5
Flugzeit, -en, die 46 8
Flussfahrt, -en, die 48 2
Folie, -n, die 41 8
Formular, -e, das 43 3
Friseur, -e, der 44 1
fröhlich 39 2
Frühstücksbuffet, -s, das 46 8
Frühzeit (Sg.), die ZS 14 1
fühlen (sich) 42 1
Führung, -en, die 37 1
füttern 39 5

G

Gartencenter, -, das Start 7
Gartenmöbel (Pl.) Start 7
geboren ZS 13 1
Geburtsdatum, -daten,
    das ZS 13 1
Geburtsort, -e, der ZS 13 1
Geburtstagsfeier, -n, die 37 1
Geburtstagskind, -er, das 37 1
Geburtstagsparty, -s, die 37 1
Geburtstagstisch, -e, der 37 1
gefährlich 43 5
gegenüber 39 5
Gegenwart (Sg.), die 43 2
Geld (Sg.), das 40 5
Geldbörse, -n, die 40 5
gelten 47 5
Gemüsegarten, ⸚, der Start 5
Gemüsesuppe, -n, die Start 1
Geschmack, ⸚e, der 40 3
Gesundheit (Sg.), die 40 3
Getränkemarkt, ⸚e, der Start 7
Gewitter, -, das 38 8
gießen 38 6
gleich sein 42 4
gleichzeitig 39 5
grillen 39 4
Gruppenleiter, -, der 46 9
gültig 46 7

H

Halbinsel, -n, die 48 5
halten 48 5
halten (für) 38 4
Handschuh, -e, der 40 5
Handwerker, -, der 44 7
Hardrock (Sg.), der 41 3
hart 40 1
Hauptstadt, ⸚e, die 46 4
Hausnummer, -n, die 43 3
Haut, ⸚e, die 41 8
Heimatort, -e, der 46 8
herstellen 43 7
herum 47 1
herunterladen/runterladen 45 4

Wortliste

hip 41 8
Hitmix (Sg.), der 37 1
höhere Schule, -n, die 44 7
Hockey (Sg.), das 39 1
Holiday-Park (Sg.), der 37 1
Holz, ⸚er, das 43 5
Hotdog, -s, der 40 1

I

in sein 42 4
Info, -s, die 45 5
inklusive 37 1
Internetseite, -n, die 45 5

J

Jahreskarte, -n, die 45 7
Japan (Sg.), das ZS 14 1
Joghurt, -s, der 39 5
Journalist, -en, der 44 1
Jugendherberge, -n, die 46 8
Jugendhotel, -s, das 46 8

K

Käfer, -, der 43 7
Kalorie, -n, die 40 3
Kalte Ente (Sg.), die 38 4
Karton (Sg.), der ZS 14 2
Käufer, -, der 45 1
Kaufmann, -leute, der 44 1
Kauffrau, -leute, die 44 4
kaum ZS 15 1
Kette, -n, die 40 5
Kinobesuch, -e, der 37 1
klappen 45 5
Klassenfahrt, -en, die ZS 15 1
kleben 41 8
Knie, -, das ZS 14 1
Koch, ⸚e, der 44 1
Köchin, -nen, die 44 4
Koffer, -, der 46 7
kontra 41 7
kontrollieren 45 7

Körperkult (Sg.), der ZS 14 1
Körperschmuck (Sg.), der 41
Krankenpfleger, -, der 44 1
Krankenschwester, -n, die 44 4
Krimi, -s, der 46 7
Kulisse, -n, die 37 1
Kultur, -en, die 46 4
kümmern (sich) ZS 15 1
kunstvoll ZS 14 1

L

Laden, ⸚, der 48 5
Lage, -n, die 46 8
Landschaft, -en, die 48 6
Lass mal. 39 1
Lastwagen, -, der 43 4
laut 47 5
lauter (viele) 42 4
Leben, -, das 39 6
Lebensmittel, -, das 40 3
leer 39 5
legen 47 2
liegen 47 2
Linie, -n, die ZS 14 2
Link, -s, der 45 4
losgehen 47 6
Luft, ⸚e, die 43 7

M

mager 40 3
männlich ZS 16 2
Maori (Pl.) ZS 14 1
Mechaniker, -, der 44 1
meisten/die meisten 40 4
meistens 40 3
Meister, -, der 44 7
Mensch, -en, der 48 5
Mineral, Mineralien, das Start 1
mittags 47 5
Mix-Max-Figur, -en, die ZS 14 2
Modehaus, ⸚er, das 44 1
Modell, -e, das 43 7
Model, -s, das 44 1
morgens 47 5

Motiv, -e, das 41 8
Motor, -en, der 43 5
Motorrad, ⸚er, das 43, 4
Motorwagen, -, der 43 7
Museumsinsel (Sg.), die 46 8
Musikszene, -n, die 48 5
Muster, -, das ZS 14 1

N

nachbauen 37 1
nachmittags 47 5
Nachrichten (Pl.) 45 5
nachts 47 5
Nasenring, -e, der 41 1
nass 41 8
Natur (Sg.), die 46 4
Naturvolk, ⸚er, das ZS 14 1
Nebel, -, der 38 8
neblig 38 8
Netzwerk, -e, das 45 5
Neuseeland (Sg.), das ZS 14 1
Nudelsuppe, -n, die Start 1

O

Obstgarten, ⸚, der Start 5
Obstkuchen, -, der Start 1
Obstscheibe, -n, die 38 6
öffnen 45 4
Omnibus, -se, der 46 8
Onlinespiel, -e, das 45 5
Open Air (Sg.), das 48 5
Orangenkuchen, -, der Start 5
Organisationspauschale, -n, die 37 1
organisieren 38 1
original 37 1
Outfit (Sg.), das 42 4

P

Paar, -e, das 41 1
packen 46 7
Parlament, -e, das 48 4

Wortliste

Partnerklasse, -n, die ZS 15 1
Pass, ̈e, der 46 7
Passagier, -e, der 43 5
Passagierflugzeug, -e, das 43 5
Passwort, ̈er, das 45 4
PC (Personal Computer), -s,
  der 45 1
Piercing, -s, das 41 1
Pilot, -en, der 44 1
Pilotin, -nen, die 44 4
planen 46
Planung, -en, die 46 9
plötzlich 45 4
plus 37 1
Polizei (Sg.), die 43 4
Polizeiwagen, -, der 43 4
Polizist, -en, der 44 1
Polizistin, -nen, die 44 4
Popcorn (Sg.), das 37 1
Postleitzahl, -en, die 43 3
Preis, -e, der 45 7
preiswert 40 3
pro 41 7
Prozent, -e, das 40 4
pünktlich 47 6
putzen 47 6

R

Rätsel, -, das 40 5
Rätselheft, -e, das 40 5
Rechenmaschine, -n, die 45 1
Rechner, -, der 45 1
recht haben 48 6
regeln 44 1
Reichstag (Sg.), der 48 2
Reifen, -, der 43 4
Reissuppe, -n, die Start 1
Reiseführer, -, der 46 7
Reisetasche, -n, die 47 1
Reiseziel, -e, das ZS 16 1
Rennfahrer, -, der 44 1
reservieren 46 7
Rezeption, -en, die 47 1
Roboter, -, der 45 1
romantisch 41 1

Römer, -, der ZS 14 1
rot werden 44 5
rund 38 4
Rundgang, ̈e, der 43 4

S

Samoaner, -, der ZS 14 1
satt 40 3
Saxofon, -e, das 39 6
Schalter, -, der 48 6
scharf 40 1
Scheibe, -n, die 38 6
scheinen 38 8
schieben 39 5
Schild, -er, das 43 4
Schirm, -e, der 38 4
schließen 47 5
Schlüssel, -, der 40 5
schmücken ZS 14 1
Schnee (Sg.), der 38 8
schneiden 38 6
schneien 38 8
schrecklich 39 6
Schrei, -e, der ZS 15 3
Schülerausweis, -e, der 40 5
schwierig ZS 15 1
Seefahrer, -, der ZS 14 1
seekrank 37 6
seit 45 2
selbstständig 43 7
selten 40 3
senkrecht 43 5
setzen 47 2
sitzen 47 2
Show, -s, die 37 1
Sitz, -e, der 48 4
Sitzplatz, ̈e, der 46 7
Softdrink, -s, der 37 1
Sonderangebot, -e, das Start 7
Sonderführung, -en, die 37 1
Sonnenbrille, -n, die 40 5
Sonnenschirm, -e, der 38 4
sonnig 38 8
sonntags 47 5
sozial 45 5

Special, -s, das 37 1
Speise, -n, die ZS 16 5
Spielmaterial, -ien,
  das 37 1
Stadtrundfahrt, -en, die 48 1
stark 38 11
starten 43 7
Station, -en, die 43 4
Steinzeit (Sg.), die ZS 14 1
Stelle, -n, die ZS 14 2
stellen 38 6
Stil, -e, der 42 7
stimmungsvoll 37 1
Stopp-Schild, -er, das 43 4
Strandparty, -s, die 42 5
Straßenverkehr (Sg.), der 43 7
Streifen, -, der ZS 14 2
streng 41 3
Südsee (Sg.), die ZS 14 1

T

tagen 48 4
Tagesablauf, ̈e, der 47 6
tätowieren ZS 14 1
Tätowierung, -en, die ZS 14 1
Tattoo, -s, das 41 1
Taxi, -s, das 43 4
Teddybär, -en, der 47 2
Telekommunikation (Sg.), die 43 6
Terminplan, ̈e, der 45 4
Thema, Themen, das 37 1
Ticket, -s, das 37 1
Tierpark, -s, der 37 1
Tipp, -s, der 37
Traum, ̈e, der 44 5
treffen (sich) 42 1
trocken 47 1
Tuch, ̈er, das 42 7
Tüte, -n, die 37 1
Typ, -en, der 40 3

U

überlegen 41 3
übermorgen 38 10

Wortliste

übernachten *ZS 16* 1
überraschen ZS 13 1
Überraschung, -en, die 37 1
Überraschungsparty, -s, die 38 1
übrigens 38 1
uncool 41 1
unfreundlich 39 2
ungesund 40 1
unglücklich 39 2
unmodern 42 4
unsympathisch 39 2
unter anderem 48 5
unterhalten (sich) 42 1
Unterkunft, ⸚e, die 46 7
unternehmen *ZS 16* 1
unterschiedlich 40 3

V

verbieten 41 3
verbinden 39 5
verboten sein 41 6
Verfügung, -en, die 46 8
Vergangenheit (Sg.), die 43 2
Vergnügen (Sg.), das 37 1
verkaufen 42 7
Verkäufer, -, der 44 1
Verkehrsmittel, -, das 43 4
verlieben (sich) 42 1
verlieren 40 5
verpacken 40 3

verrückt ZS 14 2
verschieden 37 1
vollautomatisch 45 1
vorbei *ZS 13* 1
vorbeikommen *ZS 13* 1
vorbereiten 38 3
Vorbereitung, -en, die 38
Vorbild, -er, das 44 5
vorgestern 38 10
vormittags 48 1
Vorschlag, ⸚e, der 46 1
vorschlagen *ZS 15* 1
Vorschau, -en, die 38 9
vorstellen (zeigen) 43 7
vorwärts 43 5

W

wach 47 6
Wagen, -, der 43 4
Wagner, -, der 44 1
wählen 44 7
während 47 5
Wahrzeichen, -, das 48 4
Wäsche (Sg.), die 47 1
Wasserball, ⸚e, der Start 1
wecken 47 6
wegmachen 41 3
weiblich *ZS 16* 2
weich 40 1
weiterfeiern 38 11

die wenigsten 40 4
werden 38 11
wert sein ZS 15 3
wiedersehen 42 1
Wiese, -n, die 48 5
Wind, -e, der 38 8
windig 38 8
Wissenschaftler, -, der 40 3
witzig 39 2
Wochenprogramm, -e, das 46 7
Wolke, -n, die 38 8
Wortkette, -n, die Start 1
wunderschön 48 5
Wundertüte, -n, die 37 1

Z

zählen 40 3
Zeitschrift, -en, die 42 6
zentral 46 8
Zeppelin, -e, der 43 5
Ziel, -e, das 43 7
Zimmergröße, -n, die 46 8
zur Verfügung stehen 46 8
Zucker (Sg.), der 38 6
zuerst 45 7
Zugticket, -s, das 46 7
zuhören 37 6
Zukunft (Sg.), die 43 2
zwischen 48 4

Quellenverzeichnis

Cover: © Getty Images/E+/kali9

U2: © Digital Wisdom

S. 3: M13: Hintergrund © Thinkstock/iStock/Hiro_photo_H; Junge © Sabphoto-stock.adobe.com; M14: Hintergrund © Thinkstock/iStock/TennesseePhotographer; Junge: Person © Thinkstock/iStock/CREATISTA; Tattoos: Hals © Thinkstock/iStock/adekvat; rechter Arm von links: © Thinkstock/iStock/busenda; © Thinkstock/iStock/akvlv; linker Arm von links: © Thinkstock/iStock/adekvat; © Thinkstock/Ingram Publishing; © Thinkstock/iStock/adekvat; Mädchen links © alexsokolov-stock.adobe.com; Mädchen rechts © Thinkstock/iStock/olga_sweet; M15: Hintergrund © Thinkstock/iStock/ViewApart; Junge und Mädchen © Christine Langer-Pueschel-stock.adobe.com; M16: Hintergrund © Getty Images/iStock/golero; Mädchen links © Thinkstock/Stockbyte/Brand X Pictures; Mädchen rechts © Getty Images/E+/alvarez; PluMa © Verein „Die Förderer" e.V., Veranstalter der „Landshuter Hochzeit 1475"

S. 7: Ü3: A von links: © fotolia/philipus; © Thinkstock/iStock/Sannie32; © Thinkstock/Photodisc; B von links: © Thinkstock/iStock/Kwangmoozaa; © Thinkstock/iStock/koto_feja; © Thinkstock/iStock/Tarzhanova; C von links: © fotolia/Wolfgang Mücke; © iStock/SednevaAnna; © MEV; D von links: © fotolia/Alx; © Getty Images/iStock/artefy; © fotolia/Alexandra Karamyshev; Ü4: 1 © Getty Images/iStock/BrianAJackson; 2 © fotolia/Alx; 3 © Bäckersjunge-stock.adobe.com; 4 © Thinkstock/iStock/skyman8; 5 © fotolia/Thomas Aumann; 6 © Thinkstock/iStock/Dimedrol68; A © Thinkstock/iStock/belchonock; B © iStock/lepas2004; C © MEV/Nicholson Graeme; D © PantherMedia/Bernd Kröger; E © iStock/loops7; F © Thinkstock/iStock/kolae; Ü5: A © Thinkstock/iStock/Werner Münzker; B © Thinkstock/iStock/fotolinchen

S. 8: A © fotolia/euthymia; B © Thinkstock/iStock/prill; C: Möbel links © Thinkstock/iStock/Marina Lohrbach; Bank rechts © joey333-stock.adobe.com

S. 9: Kuchen © Thinkstock/iStock/RuthBlack; Bowle © Thinkstock/iStock/different_nata; Schwimmbad © Thinkstock/Photodisc/David De Lossy; Achterbahn © Brocreative - stock.adobe.com; Geschichte: Hintergrund © Thinkstock/iStock/Hiro_photo_H; Junge © Sabphoto-stock.adobe.com; Sonne © iStock/Viorika; Regen © Thinkstock/Photodisc/David De Lossy; Schnee © iStock/dlHunter

S. 10: Dampfer: Text und Bild mit freundlicher Genehmigung von: © Bayerische Seenschiffahrt GmbH; Achterbahn © Brocreative - stock.adobe.com; Zoo: Text und Bild mit freundlicher Genehmigung von: © Münchener Tierpark Hellabrunn AG; Schwimmbad © Thinkstock/Photodisc/David De Lossy; Bavaria Filmstadt: Logo und Text mit freundlicher Genehmigung von: © Bavaria Filmstadt; Kino © Thinkstock/iStock/monkeybusinessimages

S. 11: Mädchen © Getty Images/iStock/AntonioGuillem; Junge © fotolia/Sabphoto

S. 12: Frau © fotolia/Josep Curto; Junge © fotolia/Sabphoto

S. 13: Luisa © Getty Images/iStock/AntonioGuillem; Kai © Thinkstock/iStock/shvili; Pia, Till © fotolia/www.svetography.com; Anna © fotolia/iVangelos

S. 15: Ü6 alle © Hueber Verlag/Nina Metzger; Ü7 © iStock/GlobalP; Ü8: A © iStock/Viorika; B © Thinkstock/Photodisc/David De Lossy; C © iStock/dlHunter; D © iStock/mthaler; E © PantherMedia/Nicole Schröder; F © Thinkstock/iStock/janniwet; G © Thinkstock/iStock/Steve_Hardiman

S. 16: Ü9 alle © fotolia/Bastetamon; Ü11: Wetterpiktos © fotolia/Bastetamon; Paar © fotolia/www.svetography.com

S. 19: Ü6: Junge © fotolia/Sabphoto; Mikrophon © fotolia/Ersin Kurtdal

S. 20: Ü2 © BananaStock

S. 21: Ü3 alle © fotolia/Bastetamon

S. 23: Kleidung © Thinkstock/iStock/ChiccoDodiFC; Burger © Thinkstock/iStock/SerbBgd; Salat © Getty Images/E+/haoliang; Geschichte: Hintergrund © Thinkstock/iStock/TennesseePhotographer; Junge: Person © Thinkstock/iStock/CREATISTA; Tattoos: Hals © Thinkstock/iStock/adekvat; rechter Arm von links: © Thinkstock/iStock/busenda; © Thinkstock/iStock/akvlv; linker Arm von links: © Thinkstock/iStock/adekvat; © Thinkstock/Ingram Publishing; © Thinkstock/iStock/adekvat; Mädchen links © alexsokolov-stock.adobe.com; Mädchen rechts © Thinkstock/iStock/olga_sweet; Mann mit Tattoo auf dem Gesicht © dpa Picture-Alliance; Frau mit Piercing © Thinkstock/iStock/Italika

S. 24: Teenager von links: © alexsokolov-stock.adobe.com; © Thinkstock/iStock/Di_Studio; © Getty Images/iStock/PeopleImages; © Thinkstock/iStock/olga_sweet; Hotdog © Thinkstock/iStock/margouillatphotos; Chili © Thinkstock/iStock/Maksym Narodenko; Ü2 Tafelhintergrund © Thinkstock/iStock/Maridav

S. 25: Ü4 Tafelhintergrund © Thinkstock/iStock/Maridav

S. 26: Ü5: 1 © Thinkstock/iStock/JulyVelchev; 2 © Thinkstock/iStock/venakr; 3: Magazin © Hueber Verlag/Nina Metzger; Cover © Thinkstock/iStock/greenstripe; 4 © iStock/TPopova; 5 © Thinkstock/iStock/IvancoVlad; 6 © Thinkstock/iStock/denisovd; Schülerausweis: Ausweis © Hueber Verlag/Nina Metzger; Foto Junge © fotolia/grafikplusfoto; Schere © Thinkstock/PhotoObjects.net/Hemera Technologies; Foto Theo: Person © Thinkstock/iStock/CREATISTA; Tattoos: Hals © Thinkstock/iStock/adekvat; rechter Arm von links: © Thinkstock/iStock/busenda; © Thinkstock/iStock/akvlv; linker Arm von links: © Thinkstock/iStock/adekvat; © Thinkstock/Ingram Publishing; © Thinkstock/iStock/adekvat

S. 27: 1. Spalte von oben: © Valeriy Lebedev-stock.adobe.com; © Getty Images/iStock/Todd Keith; © Getty Images/iStock/repinanatoly (Tattoos © Thinkstock/iStock/FaberrInk); 2. Spalte von oben: © Thinkstock/iStock/Sladic; © Thinkstock/AbleStock.com/Hemera Technologies; © Getty Images/OJO Images/ Paul Bradbury

S. 28: Junge: Person © Thinkstock/iStock/CREATISTA; Tattoo © Thinkstock/iStock/adekvat; Mädchen © Thinkstock/iStock/olga_sweet

S. 29: Ü8: Tattoos © Hueber Verlag/Nina Metzger

S. 30: Ü1: Hintergrund © Thinkstock/iStock/TennesseePhotographer; Junge: Person © Thinkstock/iStock/CREATISTA; Tattoos: Hals © Thinkstock/iStock/adekvat; rechter Arm von links: © Thinkstock/iStock/busenda; © Thinkstock/iStock/akvlv; linker Arm von links: © Thinkstock/iStock/adekvat; © Thinkstock/Ingram Publishing; © Thinkstock/iStock/adekvat; Mädchen links © alexsokolov-stock.adobe.com; Mädchen rechts © Thinkstock/iStock/olga_sweet

S. 32: Anzug © iStock/Paolo_Toffanin; Badehose © Thinkstock/iStock/popovaphoto; Skischuhe © Thinkstock/iStock/Jon Helgason; Badeanzug © Thinkstock/Stockbyte

S. 33: Ü7 von links: © Thinkstock/iStock/Tarzhanova; © fotolia/Africa Studio; © Thinkstock/iStock/AlexKalina; © Thinkstock/iStock/Tarzhanova

S. 34: Text: Abschnitt 1–5: © GEOlino; Abschnitt 6: Marcel Feige: Tattoo und Piercing richtig gemacht, © Schwarzkopf & Schwarzkopf 2002, Berlin; A © dpa Picture-Alliance; B: Gabriele Kopp, München; C © action press/Rex Features Ltd.

Quellenverzeichnis

S. 37: Pfleger © Getty Images/E+/PeopleImages; Model © Thinkstock/iStock/JANIFEST; Frisör © Getty Images/E+/GoodLifeStudio; Köchin © Getty Images/stockvisual; VW Käfer © Janjana-stock.adobe.com; Flugzeug © Getty Images/E+/spooh; Geschichte: Hintergrund © Thinkstock/iStock/ViewApart; Teenager © Christine Langer-Pueschel-stock.adobe.com; Elektronik © Thinkstock/iStock/Zapp2Photo; Altes Telefon © Thinkstock/iStock christianphotographer

S. 38: Teenager © Christine Langer-Pueschel-stock.adobe.com

S: 40: Ü5: 1 © akg-images/Voller Ernst; 2 © fotolia/Eray; 3, 4 © akg-images; Ü6: 1 © Siemens Historical Institute; 2 © PantherMedia/tueffte; 3 © GettyImages/E+/slobo; 4 © fotolia/seen

S. 41: 1 © action press/SWNS.comTim Scott; 2 © Archivist - stock.adobe.com; 3 © Janjana-stock.adobe.com; 4 © Thinkstock/iStock/kasto80; 5 © dpa Picture-Alliance/Andrej Sokolow; 6 © action press/REX FEATURES LTD.; Teenager © Christine Langer-Pueschel-stock.adobe.com

S. 42: 1 © Thinkstock/iStock/Ikonoklast_Fotografie; 2: Matthias Kraus, München; 3 © Thinkstock/Wavebreakmedia Ltd; 4 © Getty Images/asiseeit; 5 © Thinkstock/moodboard; 6 © PantherMedia/Wavebreakmedia ltd; 7 © akg-images; 8 © MEV; 9 © Thinkstock/Stockbyte; 10 © Thinkstock/Photodisc/Digital Vision; 11 © fotolia/choroba; 12 © Getty Images/E+/filadendron; 13 © Getty Images/E+/AzmanL

S. 43: Teenager © fotolia/Farina3000

S. 44: Ü7: Hintergrund © Thinkstock/iStock/Hiroyuki Akimoto; Wagner © akg-images

S. 45: 1 © Horst Zuse; 2 © Getty Images/US Army; 3 © dpa Picture-Alliance/epa efe Ibm/Ho; 4 © Getty Images/iStock/f9photos; 5 © fotolia/maconga; 6 © mauritius images/Brandon Fike/Alamy

S. 46: Würfel: Zacharias Papadopoulos, Athen

S. 47: Grafik © Hueber Verlag; Ü7 Screenshot © Deutsches Museum

S. 48: © Thinkstock/Wavebreakmedia Ltd

S. 49: Ü2: Antenne © Thinkstock/PhotoObjects.net/Zedcor Wholly Owned; Bildschirm © Thinkstock/iStock/Easy_Asa; Kamera blau © Thinkstock/iStock/sqback; Kamera rot © Thinkstock/Ivary; Telefonhörer © Thinkstock/iStock/Delpixart; Staubsauger © fotolia/Marc Rigaud; Kühlschrank © Getty Images/Grassetto; Föhn © fotolia/by-studio; Mäher © Thinkstock/iStock/Vitalliy; Ü3c © Thinkstock/iStock/Viktor_Gladkov

S. 51: Bahnhof © Getty Images/deimagine; Flohmarkt © Thinkstock/iStock/seb_ra; Nach dem Weg fragen © iStock/Leonardo Patrizi; Geschichte: Hintergrund © Getty Images/iStock/golero; Mädchen links © Getty Images/E+/alvarez; Mädchen rechts © Thinkstock/Stockbyte/Brand X Pictures; Berge © Thinkstock/iStock/Roman_Mikhailov; Meer © Getty Images/iStock/bravobravo; Landschaft © Thinkstock/iStock/ah_fotobox

S. 52: Köpfe in Collage von links: © Getty Images/iStock/Fly_Fast; © Thinkstock/iStock/Deborah Cheramie; © Thinkstock/iStock/Hiroyuki Akimoto; © Getty Images/iStock/İsmail Çiydem; © Getty Images/E+/alvarez; © Thinkstock/Stockbyte/Brand X Pictures; A © Thinkstock/Stockbyte/altrendo images; B © Getty Images/iStock/UygarGeographic; C © Thinkstock/iStock/yuran-78; D © Bjoern Wylezich-stock.adobe.com; E © iStock/Leonardo Patrizi; F: Kino © Thinkstock/iStock/5xinc; Leinwand © Thinkstock/Ingram Publishing; G © iStock/luoman; H © Thinkstock/iStock; I © Thinkstock/Blend Images/ERproductions Ltd

S. 53: 1 © Thinkstock/iStock; 2 © Thinkstock/iStock/OxfordSquare; 3 © Thinkstock/iStock/llvllagic; 4 © MEV; 5 © fotolia/Eva Gruendemann; 6 © fotolia/Conny Hagen; 7 © Thinkstock/iStock/Ctorralbo; 8 © fotolia/johas; Karte © Arid Ocean-stock.adobe.com; Windrose © fotolia/Dirk Schumann

S. 59: Ü1: 1 © Thinkstock/iStock/ConorCrowePhoto; 2 © Thinkstock/Hemera/Aleksandar Ivkovic; 3 © Thinkstock/iStock/Bernhard Richter; 4 © PantherMedia/Ron1801; 5 © Thinkstock/iStock; 6 © PantherMedia/Corinna Hahn; 7 © Thinkstock/Zoonar RF; 8 © fotolia/Andreas Jürgensmeier; 9 © Thinkstock/iStock; 10 © MEV; Ü2: Sofie © Thinkstock/Stockbyte/Brand X Pictures; Hanna © Getty Images/E+/alvarez; Noah © Getty Images/iStock/İsmail Çiydem; Linus © Thinkstock/iStock/Fly_Fast

S. 60: Nofretete © Thinkstock/Photos.com; Wannsee © Thinkstock/iStock/thomisch_photography; Waldbühne© PantherMedia/Michael Neuhauss

S. 61: © Getty Images/E+/alvarez

S. 63: Karte © p(AS)ob-stock.adobe.com; Berlin © PantherMedia/Ron1801; Brezel © Thinkstock/iStock/Grafner; Wien © PantherMedia/Josef Müllek

S. 65: Umzug © Verein „Die Förderer" e. V., Veranstalter der „Landshuter Hochzeit 1475"; Spiel © Getty Images/iStock/Imre Cikajlo; Tisch © Thinkstock/iStock/KatarzynaBialasiewicz

S. 68: Würfel: Zacharias Papadopoulos, Athen

S. 69: Tafelhintergrund © Thinkstock/iStock/Maridav

S. 70: Tafelhintergrund © Thinkstock/iStock/Maridav

S. 76: singen, auspacken © mauritius images/Catchlight Visual Services/Alamy; auspusten © Thinkstock/iStock/ollegN; Tisch © Thinkstock/iStock/KatarzynaBialasiewicz; Bowling © pershing-stock.adobe.com

S. 77: Kaltenberg © mauritius images / Bahnmueller; alle weiteren Fotos: © Verein „Die Förderer" e. V., Veranstalter der „Landshuter Hochzeit 1475"

S. 78: von oben nach unten: 2x © picture alliance/Sueddeutsche Zeitung Photo; Letztes Bild; © dpa Picture-Alliance/DUMONT Bildarchiv

S. 79: von oben nach unten: © mauritius images/Alexey Zarubin/Alamy; © F1online/Jürgen Henkelmann/Imagebroker RM; © Getty Images/Photononstop/Tibor Bognar; © Yvonne Bogdanski-stock.adobe.com

S. 80: Ü2a: A © fotolia/Markus Schieder; B, C, F; G: Mingamedia Entertainment GmbH, Unterföhring; D © PantherMedia/Pumuckl; E © Thinkstock/Digital Vision/Bec Parsons; H © Thinkstock/iStock/yuran-78; Ü3a: Alle Bilder: Mingamedia Entertainment GmbH, Unterföhring; Ü4a: Mingamedia Entertainment GmbH, Unterföhring; A © ESLINE - adobe.stock.com; B © GettyImages/E+/Sergiy1975; C © GettyImages/E+/boggy22; D © iStock/Rouzes

S. 81: Alle Biler: Mingamedia Entertainment GmbH, Unterföhring

S. 82: Alle Bilder: Mingamedia Entertainment GmbH, Unterföhring

S. 83: Mingamedia Entertainment GmbH, Unterföhring

Zeichnungen: Bettina Kumpe, Braunschweig

Bildredaktion: Ahmadullah Dardmanesh, Hueber Verlag, München